食材選びからわかる

おうちごはん

近藤恵津子

写真 永野佳世

コモンズ

はじめに

「今夜は何を食べようかな？」と考えることは楽しいですか？　それとも、面倒だなと思いますか？

一日３回の食事の内容を考え、用意するのは大変です。そんなとき、「これ！」という料理を見つけて、自分で作ることができる。それが、この本の特徴です。また、おいしい料理はおいしい食材から。自分の考えで食材を選べるようになるためのヒントも、たくさん掲載しました。

私は長年、食品の安全性や、食と農をつなげる食べ方を追求してきました。そしていま、私たち一人ひとりが何をどう食べるかが、食と地球の未来につながっていると確信しています。おいしく、楽しく、大切に食べることが、健康なからだをつくり、心のゆとりを生みだします。忙しい毎日ですが、「食べること」をないがしろにせず、少しだけ手間をかけてみませんか。きっと、新しい食の世界が広がるでしょう。

紹介したメニューは、クッキングスタジオ BELLE の基礎的なコースでお教えしているレシピのなかから、たびたび作って家庭の味にしていただきたいものを厳選しました。一人暮らしを始めた方、ご家庭を持たれた方、そして「ちゃんと食べたい」と思っている方たちに、ぜひ活用していただきたいと思います。

本書で皆さんに考え、感じていただきたい４つのポイントを以下にまとめてみました。食材選びと調理の参考にしてください。

手作りは意外と簡単

お店には、冷凍食品、カット野菜、だしの素からお惣菜まで、台所での手間を極力省ける食品がたくさん並んでいます。でも、だしをとることも、野菜を切ることも、慣れれば簡単・手軽です。何より、自分で作ったものはおいしいはずですね。

手作りはお得でエコロジカル

たとえば、市販品を購入するとそれなりの値段がするドレッシング。おうちで油・酢・香辛料を混ぜて作れば、材料費は半額程度ですむうえ、使いきりで無駄がなく、経済的。中華料理のソースも同様です。「麻婆《マーボー》豆腐の素」「青椒肉絲《チンジャオロースー》の素」などさまざまな種類が売られていますが、基本的な調味料をそろえれば、わが家の中華が楽しめます。

また、加工品が多いと、容器のごみが増えます。エコライフのためにも、素材から手作りがおすすめです。

基礎を身につけ、バリエーションを楽しんで

まず、レシピどおりに作ってみましょう。そして、必ず味見をして、自分の好みに合わせて味付けを塩梅《あんばい》(加減)してください。生鮮食品は、素材自体の味や水分量が、季節や産地などによって違います。レシピの分量を目安に、味を調整しましょう。

基本的なレシピを覚えたら、季節ごとの食材に変えるなどして、バリエーションを楽しんでください。料理には創造力が大切。たくさんの経験が、勘と感性を磨きます。

からだにも環境にもやさしい食を

日本の食料自給率は39％と低く、膨大な食料を輸入しています。食料の輸入量と運ぶ距離を掛け算して出す数値「フードマイレージ(単位 t・km)」がとても高い国、つまり、食料を運ぶためにたくさんの石油を使い、たくさんの二酸化炭素を排出している国です。

地産池消は、地球にやさしい食べ方につながります。食材や原料がどこで作られたかをチェックして、フードマイレージを少しでも下げられるようにしたいと思います。

また、東京電力福島第一原子力発電所の事故以来、食品の放射能汚染がとても心配です。ただし、食の安全を考えるとき、農薬、食品添加物、遺伝子組み換え食品など、気になることはほかにもいろいろあります。気にしていたら何も食べられないと、食の選択をあきらめてしまうか、自分が口に入れるものに関心をもって、可能なかぎり、知って選んで購入するか。それによって、食べ方も生き方も違ってくるでしょう。

本書をとおして、食生活の向こう側を考え、表示を見たり、お店の人に尋ねたり、自分で調べたりしながら、食材を選んでいただけたら、とてもうれしいです。

なお、各メニュー名の上についている◆印は、作り方の難易度を示しています。参考にしてください。

◇◇◆……時間のないときの一品。材料があれば、すぐできる料理。

◇◆◆……ひと手間はかかるが、日常の食卓に登場させてほしい料理。

◆◆◆……お休みの日などにゆっくりトライしてほしい料理。

また、材料の分量は、クッキングスタジオ BELLE でお教えしているレシピ(4人分)を2人分に書き換えたものです。一部は、初心者でも作りやすい方法に少し変更しました。

目次

食材選びのポイント

料理の第一歩は、安心・安全でおいしい食材選びからです。安いものには安いわけがあり、なかには本来の味がしない野菜や肉もあります。おいしい料理は、おいしい材料で作りたいですね。買い物の際の表示の見方を中心とした食材や調味料選びのポイントをご紹介します。

◆野菜と米

①旬の野菜を食べよう

ほとんどの野菜が1年中出回っていますが、野菜には本来、栽培に向く季節(旬《しゅん》)があります。季節はずれの栽培では、病虫害を受けやすくなるため農薬の使用量が増えるし、加温のためにハウスで石油を使えば二酸化炭素の排出量が増えます。旬の野菜の積極的な利用が、地球にもからだにもやさしい食べ方です。おもな野菜の旬を表1にまとめました。

表1　おもな野菜の旬

旬	野　　菜
春	アスパラガス、クレソン、さやえんどう、菜の花、人参など
夏	かぼちゃ、きゅうり、セロリ、トマト、ピーマン、レタスなど
秋	かぶ、キノコ類、さつまいも、里いも、チンゲン菜など
冬	小松菜、大根、長ねぎ、白菜、ブロッコリーなど

(出所) フード・アクション・ニッポンHP「旬のたべごろ日本地図」おいしい時期。

なお、カット野菜はごみが出ず、使い切りで便利なようですが、割高です。国産で産地を指定した野菜を使っていても、細菌の繁殖を防ぎ、変色を防ぐために、塩素系殺菌消毒剤の水溶液につけられています。家庭では施さない処理がされているわけです。

②近くで採れたものを食べよう

農産物に必ず表示しなければならないのは「名称」と「原産地」です。

産地表示を見て、なるべく近くで採れたものを購入しましょう。米の場合は、産地・品種名・産年、ならびに単一原料米か複数原料米(ブレンド)かの記載も必要です。

③農薬を避けよう

農薬を使用しても、表示の義務がありません。農薬や化学肥料を原則として使用せず、堆肥などによって土づくりを行った水田や畑で栽培された「有機農産物」や、周囲の一般的な栽培方法より農薬や化学肥料の使用を半分以下に減らした「特別栽培農産物」を選べば、安心です。

また、農産物の輸送や貯蔵中に虫がついたり、かびたりしないようにするため、収穫後に農薬を使用することがあります(ポストハーベスト農薬と呼ばれる)。日本国内では保管目的の燻蒸《くんじょう》剤以外の使用は認められていませんが、輸入農作物には広く使われています。果物などの腐敗防止(保存)用に使われるポストハーベスト農薬は食品添加物として扱われ、表示しなければなりません。いずれも残留基準が定められているものの、残留が心配です。

◆肉・卵・牛乳

①表示でわかることは一部

抗生物質を使わず、健康に育った国産家畜の肉・卵・牛乳をできるだけ選びましょう。ただし、表示だけでは飼育方法まではわかりません。料理し、食べてみて、「選ぶ眼」を養うことが大切です。

肉類に必ず表示しなければならないのは、「品名(種類と部位)」「内容量」「販売価格・単位価格」「消費期限」「保存方法」「原産地」などです。そのほか牛肉の場合は、国内で飼育された場合「個体識別番号」が必要で、消費者が生産までさかのぼって情報を得られる仕組みになっています。また、冷凍肉を解凍して販売している場合は、その旨の記載があります。

「和牛」「黒豚」「地鶏」などはJAS法やガイドラインの定めに添った表示ですが、具体的な飼育方法やエサまではわかりません。エサについては、ほとんどを輸入に頼っています。また、エサにポストハーベスト農薬や遺伝子組み換え作物が使われていないかの情報は、生産者のウエブなどから得るしかありません。

②選ぶポイント

牛肉は、一般に霜降りが好まれます。しかし、霜降りは、本来草食の牛にトウモロコシや大豆などの濃厚飼料を食べさせて、「脂肪を筋肉の間に入れた」肉です。粗飼料(牧草)中心に、よく運動させて育てた牛の赤身が健康な牛肉と言えるでしょう。

豚肉については、ひき肉を炒めると違いがよくわかります。あまり運動をさせずに短期間で育てた豚肉の場合、水分がどんどん蒸発し、あっという間にパラパラになりますが、健康に育てた豚肉は肉汁と油がじわじわと出て、簡単にはほぐれません。

鶏肉は、外観と料理で判断できます。皮と肉の間に黄色い脂肪がたっぷりついていたり、火を入れると焼き縮みが大きかったりするものは、狭い鶏舎でたくさんの数を飼育し、運動をほとんどせずに短期間で出荷された鶏の肉です。

新鮮な卵は、割ったときに卵黄がこんもりしています。卵黄がしっかりしている間は生で食べられます。

牛乳には、「65℃ 30分間」「72℃ 15秒間」「120℃ 2秒間」というように、殺菌温度と時間が記載されています。高温になれば殺菌効力は高まるので、どんな菌が存在しても滅菌できます。低い温度で殺菌するには、牛を健康に育て、原乳の菌数を減らしておかなければなりません。低温での殺菌のほうが自然に近いといえるでしょう。

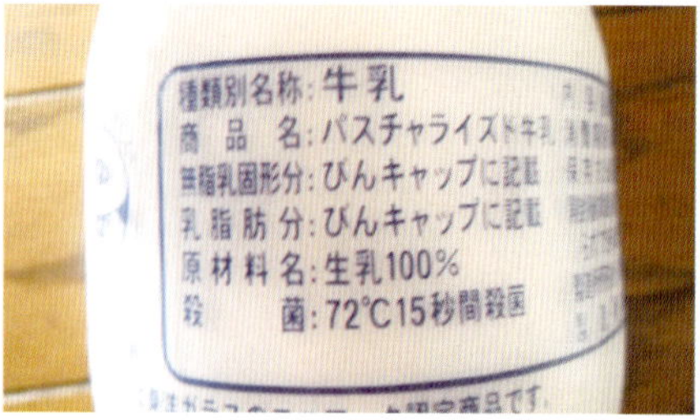

◆魚貝類

①表示と旬

魚や貝の表示では、「名称」「消費期限」「保存方法」「原産地」のほか、「解凍」「養殖」「生食用」の表記も必要です。「原産地」表示は、国産品の場合、生産した水域名、水揚げした港名、その都道府県名のどれでもOK。たとえばサンマの場合、「サンマ三陸沖」「サンマ銚子港」「サンマ茨城県」が認められています。

魚や貝にも旬があります。おもな魚介

類のおいしいと言われる時期を示したので、参考にしてください。

鯵………春から夏
いわし…夏から秋
かつお…夏と冬
金目鯛…冬と初夏
鯖………秋から冬と春先
ぶり……冬
あさり…春
しじみ…夏と冬

②上手な見分け方

生の丸のままの魚は、身が硬くて液体が出ていなければ新鮮ですが、鮮度の判断はむずかしいもの。「刺身で食べられますか？」とお店の人に尋ねてみるのがよいかもしれません。

切り身の場合は、鮮度が落ちるとドリップ(赤い水分)がトレイにたまり、切り口が丸くなります。トレイに敷かれた吸水シートがドリップを吸っている場合もあるので、よく見て確認しましょう。

解凍した魚は急速に鮮度が落ちるので、冷凍品を購入して自宅でゆっくり解凍したほうが、おいしくいただけます。

◆加工食品・調味料類

各品目のポイントは20ページ以降のコラム欄に記載しました。共通点は次のとおりです。

①名称を見る

名は体を表します。まず「名称」を確認しましょう。たとえば、次のような「似て非なるもの」が売り場に並んでいます。

★マヨネーズ

使用できる原材料や食品添加物が限定されていて、植物油脂が65％以上含まれていなければならない。店頭をにぎわせている「カロリーカット」のものは、「サラダクリーミードレッシング」「半個体状ドレッシング」という名称になっているはず。油脂の含有を減らす分、食品添加物が多用されている。

★本みりん

酒税法で定められた原料を使い、糖化熟成させたもので、アルコール分は14％程度。まろやかな甘みを出す、てりやつやをつける、煮崩れを防止する、味のしみこみをよくするといった調理効果がある。安価な「みりん風調味料」は、糖類や酸味料などをブレンドしたもの。アルコール分はほとんどなく、本みりんのような調理効果もない。

②原材料の表示を見る

食品添加物以外の原材料と食品添加物に分け、それぞれ使用量の多い順に記載されています。どんなものが使われているかを必ずチェックしましょう。

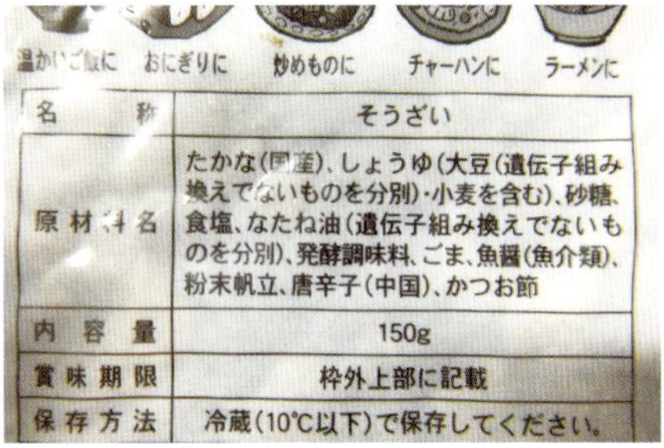

③原料・原産地の表示を見る

表示の義務がある加工食品は、下味をつけた食肉、衣をつけたフライ用の食肉や魚介類(調理済みのもの以外)、カット野菜ミックスの50％を超える野菜など、ごく一部です。食パンの小麦や醤油・油の大豆など義務のないものには、ほとんど原料・原産地の表示がありません。国産品やこだわりの原材料を使っていれば、メーカーはその点を記載するでしょう。日本の食料輸入の実態を考えると、表示がない加工食品の多くは、輸入原料を使っていると思われます。

◆食品添加物

一つひとつの物質の安全性にこだわるより、なぜ使われるかを考え、総量を減らすように心がけましょう。原材料の質や比率にかかわらず、添加物によっておいしくなったり、見た目をよくしたりできるからです。

加工食品に使われる食品添加物は、すべてを物質名で表示するのが原則です。ただし、用途名を記載するもの(甘味料、着色料、保存料、増粘剤・安定剤・ゲル化剤または糊料、酸化防止剤、発色剤、漂白剤、防かび(防ばい)剤)、一括名表示でよいもの(イーストフード、ガムベース、かんすい、酵素、光沢剤、香料、酸味料、軟化剤、調味料、豆腐用凝固剤、苦味料、乳化剤、pH 調整剤、膨張剤)があります。だから、加工食品に何種類の添加物が使われているかは、表示からはわかりません。また、微量しか残らないものなどは表示の義務はありません。

◆遺伝子組み換え食品

遺伝子組み換え作物が栽培されている国は、アメリカはじめ世界 30 カ国近くにまで増えました。そして、それらを原材料とした遺伝子組み換え食品やエサとした家畜の肉が出回っています。

輸入されている遺伝子組み換え作物は国が安全性を認めたものですが、海外には安全性が疑わしいとする研究結果もあります。現在、日本で安全性審査を終えたのは、大豆・トウモロコシ・菜種・ワタ・じゃがいも・てんさい・アルファルファ・パパイヤの８品目です。

日本での商業栽培はまだありませんが、大豆・トウモロコシ・菜種・ワタは輸入に頼っているうえ、すべて表示されているわけではないため、日本人の食卓には、遺伝子組み換え食品がかなりの比率で上っています。

豆腐、納豆、味噌、コーンやポテトのスナック菓子など、表示が義務化されているのは一部の食品です。これらには、国産原材料や、遺伝子組み換えでない輸入原材料が優先的に使われています。私たちが「遺伝子組み換えでない」という表示を目にするのは、このためです。

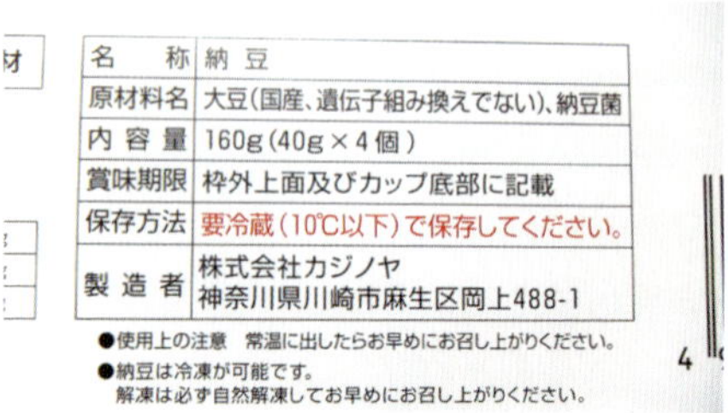
名　称　納豆
原材料名　大豆(国産、遺伝子組み換えでない)、納豆菌
内容量　160g(40g×4個)
賞味期限　枠外上面及びカップ底部に記載
保存方法　要冷蔵(10℃以下)で保存してください。
製造者　株式会社カジノヤ
神奈川県川崎市麻生区岡上488-1
●使用上の注意　常温に出したらお早めにお召し上がりください。
●納豆は冷凍が可能です。
解凍は必ず自然解凍してお早めにお召し上がりください。

一方、醤油、油、家畜のエサなどには表示の義務がありませんから、輸入品が多く使われています。また、味噌やコーンスターチのように義務表示品目であっても、加工食品に微量しか使われない場合は、表示が免除されます。

このように、表示のない食品に遺伝子組み換え作物が使われているため、できるだけ国産原材料のものや、遺伝子組み換えでない輸入作物を使用した食品を選びましょう。

◆放射能汚染

きちんと放射能測定をして、結果を公表している食材を、できるだけ選びましょう。仮に国の基準以下であっても、放射性セシウムが検出されたものは子どもに食べさせたくないと考えている方も多くいます。これは当然のこと。子どもたちの未来は本当に心配です。

一方、50 歳以上には健康への影響が少ないと言われています。その世代は、福島や北関東の農業を応援する気持ちをもちたいですね。

また、測定結果が国の基準以下だと、数値を公表しない場合があります。さらに、厚生労働省のホームページに掲載されている各自治体の検査結果を見ると、全国で検査が行われているとは言い難い状況です。そう考えると、きちんと検査をし、結果を公表している福島産の農産物が安心ともいえます。放射能汚染の影響は今後も続きますから、検査と結果の公表を求めていかなければなりません。

◆食品選びで心がけること

①お店を選ぶ

品ぞろえの豊富さを魅力と感じる方が多いようですが、何にこだわって商品を選択しているお店なのかを消費者が判断することが大切です。

安いものばかりを置いているお店は、安全性や品質へのこだわりが薄いかもしれません。これに対して、商品の包材に書かれていない農産物の栽培や畜産物の飼育についての情報、産地情報をポップなどで公開しているお店もあります。

②想像力を働かせる

これが一番重要です。食に関心をもち、食品選びに気を配りたいと思っても、表示からすべてを読み取ることはできません。

そこで、売り場の商品をよく見て、安すぎるものには注意が必要です。たとえば、安い輸入原材料を使っているのではないか、材料を減らして水増しし、食品添加物で形状や味を整えているのではないか、というように。

一方、消費者の目をひくために、「無添加」「合成保存料不使用」「合成着色料不使用」などと書かれた加工食品も多く見られます。冷凍食品の保存料のように、もともと使わなくてもいい食品添加物をさも排除しているように書いてあったり、ある添加物は確かに使っていないが、同じ役割の他の添加物を使っていたりという場合もあるので、注意が必要です。

なお、豆腐の凝固剤(にがり)やこんにゃくの水酸化カルシウムのように、食品の製造に欠かせない食品添加物もあります。そうした知識や理解も欠かせません。

日ごろから、自分の口に入れるものに関心をもち、自分で料理するからにはよい素材を選ぶ眼を養うことが大切です。

表示だけでわからなかったり、疑問がわいたりしたら、包材に書かれたメーカーのお客様相談室に電話して、質問してみてください。消費者が関心をもてば、そしてそのことがメーカーに伝われば、メーカーもよりわかりやすい表示や情報提供を行うようになるでしょう。

米のとぎ方・ご飯の炊き方

◆ポイント
- 炊飯器で炊く場合、炊飯時間(スイッチを入れてから炊きあがりの合図があるまで)に、吸水時間や蒸らし時間が含まれているかどうか、確認しましょう。
- 炊飯器の内釜に傷がつかないよう、米とぎはボウルを使います。
  ＊鍋で炊く場合は、鍋でといでもよい。
- 新米は、米自体に水分量が多いので、水加減を少し控えてください。
- すし飯では、米と同容量の水で普通のご飯より少し硬めに炊きます。
- 無洗米の場合は、米1合に対し、普通の水加減より、水を大さじ1～2杯多めにします。

1　さっとかき回し、すぐ水を捨てる

米をボウルに入れ、水道水を一気に満たし、さっとかき回して水を捨てる。1回目にゆっくり洗うと、ぬかくさくなるので注意。

2　素早くとぎ、すすぐ

あまり力を入れずに

手のひらに軽く力を入れてとぎ、たっぷりの水を入れてかき混ぜ、水を捨てる。これを2～3回繰り返し、最後にたっぷりの水を入れてかき混ぜ、水を捨てる。

3　ザルにあけて水気をきる

水気をきるときはザルを置いておくと安心

4　水加減をし、30分以上吸水させる

米の芯までしっかり吸水することで、芯のない、冷めても軟らかいご飯が炊きあがる。夏場は30分で十分吸水できる。ただし、米は一定以上は吸水しないので、長時間つけておいても大丈夫。米を朝とぎ、水を入れて、冬はそのまま、夏は冷蔵庫に入れて、夕食時に炊いてもよい。

5　ご飯を炊き、蒸らす

＊鍋の場合

①といだ米を鍋に入れ、好みに合わせて、米の1～2割増しの水を加える。
②中火からやや弱火で沸騰させる。
③ふきこぼれない程度の火加減で、3～4分沸騰を続けてから、ごく弱い弱火にして12～15分炊く。
④最後に5秒ほど強火にして、余分な水分をとばし、火を止め、蓋をしたまま10～15分蒸らす。

＊炊飯器の場合

目盛に合わせて水を入れ、すぐスイッチを入れる(吸水時間も炊飯時間に含まれる場合)。

- 蒸気を米に吸わせ、ご飯をふっくらと仕上げるため、蒸らしは欠かせない。

6　炊きあがったご飯をほぐす

①釜や鍋の内側に沿ってしゃもじを一周させ、底からご飯をすくい上げて上下を返し、ほぐしながら内側にこもった湯気をとばす。
②余計な水分をとばし、炊きあがりのムラをなくすため、底のほうから全体をふんわり混ぜる。

蒸らし終わったご飯全体を混ぜます

だしのとり方

〈かつお・昆布だし〉　400mℓ

＊一番だし

すまし汁から煮物まで、だしの風味を楽しむ料理に使う。

水　450mℓ
かつおけずり節　10g
昆布　10cm（乾いた布巾でふき、まわりに切り込みを入れる）

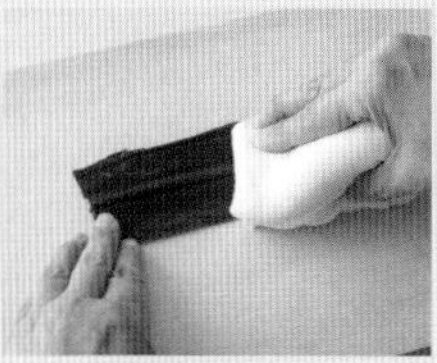

①鍋に水と昆布を入れ、1時間以上おく。昆布が軟らかくなったら、中火にかけ、沸騰直前に昆布を取り出す。

鍋のまわりにプツプツと泡が出てきたら、昆布を取り出します

②沸騰したらかつお節を入れて火を止める。

かつお節は、沸騰してから

③かつお節が下に沈んだら、アクを取る。

火を止め、かつお節が沈んだらアクを取ります

④ザルでこす。

ザルでこせばOK

＊二番だし

だしの味は十分生きているので、煮物や味噌汁に使う。

①一番だしをとったあとのかつお節と昆布を適量（一番だしと同量程度）の水に入れ、沸騰したら弱火で5分ほど煮る。

②かつお節をひとつまみ程度加えて（追いかつお）アクを取り、火を止めて、こす。

〈煮干しだし〉　400mℓ

おもに味噌汁に使い、そばつゆなどにも向く。素朴な風味が楽しめる。

水　450mℓ
煮干し（いりこ）10g

①煮干しは頭と内臓部分を取り除き、半割りにして、分量の水に1時間以上つけておく。

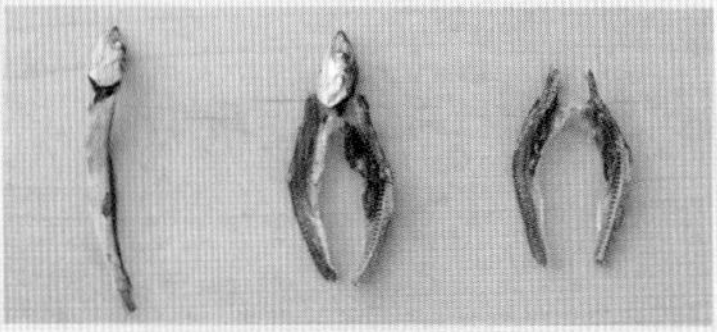

右の状態にして使います

煮干しはこのくらいの量

②鍋に煮干しを入れ、中火にかけ、煮立ったら火を弱め、5～6分煮出してアクを取る。

アクを取りましょう

③火を止め、煮干しを取り出す。

食材の切り方

レシピには食材のさまざまな切り方が登場します。とくに野菜は、煮くずれを防ぎ、味をしみこみやすくするために、料理に適した切り方が大切です。この本のレシピに出てくる切り方を紹介しましょう。上手に切るコツは、材料を安定させることです。たとえば、円形の材料は最初に切った切り口を下にするとよいでしょう。

■食材を切るときは、よく切れる包丁を使い、正しい持ち方と姿勢を心がけます。
まな板は、野菜などを切る面と肉や魚を切る面を使い分けましょう。

からだをまな板から握りこぶし一つ分くらい離す

包丁の柄を手のひらで包むようにし、中指・薬指・小指でしっかりつかむ

親指と人差し指で刃の背を持つ。なるべく柄の付け根を握る。

左手は指先を丸め、食材を押さえる。右足を少し引いて斜めに立つと、包丁がまな板に対しまっすぐになる。左利きの場合は、左足を少し引く。

①半月切り

大根や人参など円形の材料を縦半分に切り、切り口を下にして端から切る

②いちょう切り

円形の材料を縦4つ割りにし、端から切る

③短冊切り

4〜5cm長さの輪切りにした材料を1cm幅の縦切りにし、短冊状に薄く切る

④拍子木切り＆さいの目切り

4〜5cm長さの円形の材料を1㎝幅の縦切りにし、さらに棒状に切ったのが拍子木切り。さいの目切りは、拍子木切りを1cm角に切る

⑤乱切り

ごぼうや人参など丸くて細い材料を90度回転させながら斜めに切る

⑥せん切り

円形の材料を1〜2mm幅に薄く切り、ずらしながら重ねて端から細く切る

⑦きゅうりのせん切り

必要な長さに合わせて斜め薄切りにし、ずらしながら重ねて端から細く切る（斜め薄切りにすることで、できあがりの上下に緑の皮がつく）

⑧白髪《しらが》ネギ

7〜8cm長さに切り、縦に切り込みを入れて芯の部分を取り除き、皮を端からごく細く切る（長ねぎのせん切りも同じ要領）

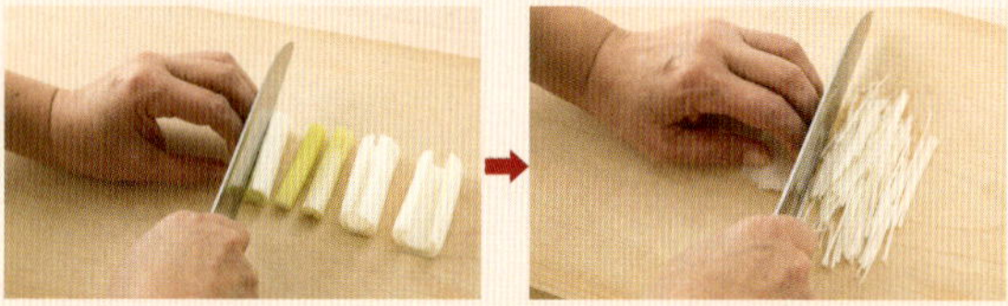

⑨小口切り
ねぎなど細い材料を一定の厚さで端から切る

⑩長ねぎのみじん切り
切り落とさないように斜めに細く切り込みを入れ、上下を返して同様に切り込みを入れて、端から細かく切る（長ねぎがばらけず、切りやすい）

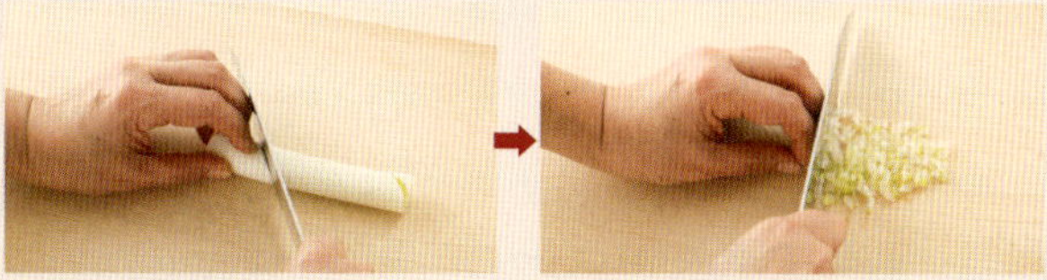

⑪生姜のみじん切り
薄切りにしてからせん切りし、向きを変えて端から細かく切る

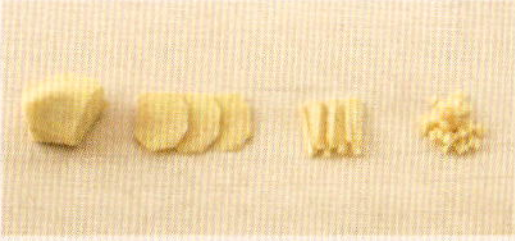

⑫玉ねぎのくし切り
縦半分に切り、切り口を下にして、繊維にそって切る

⑬玉ねぎの薄切り
縦半分に切り、切り口を下にして、端から薄く切る。写真のように根元を手前にして繊維にそって切る場合と、根元を左側にして繊維に直角に切る場合がある

⑭玉ねぎのみじん切り
縦半分に切り、切り口を下にして根元を少し残し、縦に細かく、端のほうは放射状に切り込みを入れてから、90度向きを変えて端から細かく切る（横に包丁を入れるのは危ないし、玉ねぎがばらけるのでむずかしい）

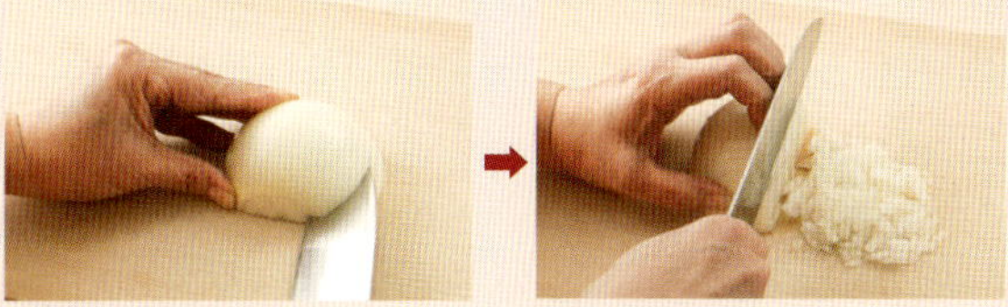

⑮ささがき
ごぼうや人参など丸くて細い材料を、鉛筆を削るように、薄く小さくそぎ落とす（慣れないうちは、材料をまな板にのせて切るとよい）

⑯そぎ切り
椎茸や白菜の硬い部分のように厚みがある材料の左端から、包丁の刃を寝かせて手前に引くようにして切る

⑰面取り
人参やかぼちゃなどの煮くずれを防ぐため、切り口の角を薄くそぎ取る

初心者もわかる食材の扱い方

調理の基本になる野菜などの扱い方や調味料の計り方について、まとめて説明します。

◆野菜のゆで方

根を食べる野菜(いも類、大根、人参、れんこんなど)は水から、その他の野菜は沸騰した湯に入れてゆでる。

ゆであがったらザルにあげ、材料がなるべく重ならないように広げて冷ます。余熱が入るのを止めたり、色をきれいに仕上げたいときは、一度冷水にとって(ボウルに水または氷水を準備しておき、ザルにあげた野菜をすぐ水につける)、急速に冷ましてから水気をしぼる。

葉物は沸騰した湯に根元の硬いほうから入れます。ゆであがったら、冷水にとって冷ましてから、しっかりしぼります。

◆野菜のアク抜き

野菜に含まれている、苦味・渋み・臭いのもとになって切り口を黒く変色させる成分を「アク」と言う。いも類、なす、ごぼう、れんこんなどは、切って水にさらすことでアクが水に溶け出る。ただし、切ってすぐ、油で揚げたり、炒めたりするときは、水につけなくてよい。また、れんこん、うど、山のいもなどをとくに白く仕上げたいときは、切って酢水(水200ccに酢小さじ1程度)につける。

◆干し椎茸の戻し方

ひたひたの水でゆっくり戻すのがコツ。椎茸を覆うようにラップをすれば軟らかく戻る。戻し汁は細かなかすを取って、だしとして使う。朝準備して冷蔵庫に入れておけば、夕食のときに使える。

◆卵の溶き方

平らなところに卵を軽くぶつけ、殻にひびを入れて割る。容器の縁にぶつけると、殻が卵の中に入ってしまう場合がある。料理に使う際に、菜箸を短く持って立て、ボウルの底につけて左右に動かして溶くと、黄身と白身がよく混ざる。

◆**調味料の計り方――液体**

計量スプーンで計る場合、大さじ1・小さじ1は、表面張力でこぼれないところまで入れる。大さじ1/2・小さじ1/2は、見た目で8割くらいの高さまで入れる。

計量カップの場合は、目線をカップの高さに落として計る。

◆**少々とひとつまみ**（塩など）

少々＝親指と人差し指でつまんだ量

ひとつまみ＝中指も入れて3本指でつまんだ量

◆**基本の分量**（重さとの換算表は109ページ参照）

大さじ1＝15mℓ

小さじ1＝5mℓ

1カップ＝200mℓ

1合＝180mℓ

◆**調味料の計り方――粉**

大さじ1・小さじ1は、計量スプーンに軽くすくい取り、押し付けずにすり切る。1/2の場合は、すり切りした後、へら状のもので1/2を取り除く。

◆**水加減**

ひたひたの水＝材料の表面が少し出る

かぶるくらいの水＝材料の表面がうまる

たっぷりの水＝材料を水の中でゆったり動かせる状態

◆**揚げ油の適量**

揚げ物をする際の油は、材料を入れたときに完全にかぶるくらいの量が必要。小さめの深い鍋を使えば、少なくてすむ。

そろえたい道具

本書のレシピを作る際によく使う道具類を紹介します。
＊は必ずそろえたいもの、☆はあると便利なもの。

◆計量の道具
計量カップ＊　200mℓの耐熱製のほか、500mℓ計れる大きめも便利
計量スプーン＊　大さじと小さじは必ず
スケール☆　容器の重さを差し引けるデジタル製は重宝する
タイマー☆　ガスコンロに設置されている場合もある

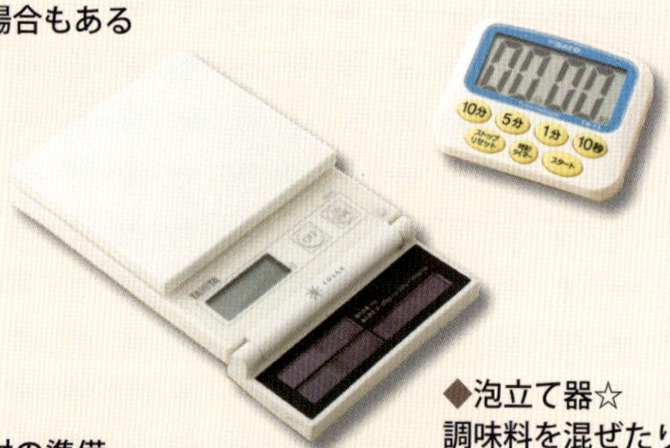

◆ボウル＊・ザル＊・バット＊
大きさの違うものを何種類か用意すると、食材の準備に便利で、料理の手際がよくなる。手付きの目の細かいザルは、ストレーナーとしてこすときにも使える

◆泡立て器☆
調味料を混ぜたり、ドレッシングを作るのに便利

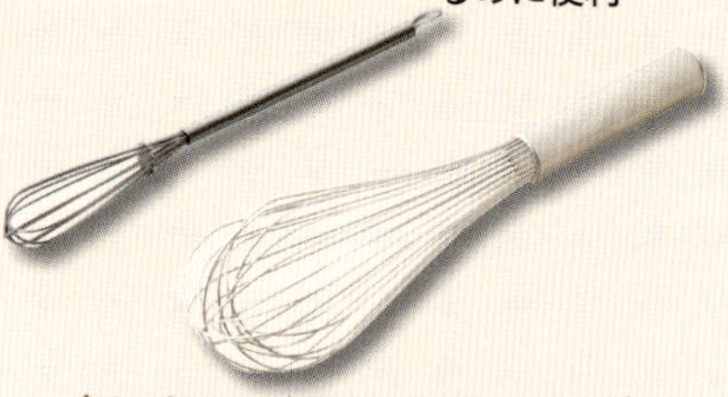

◆シリコンベラ☆・シリコンスプーン☆
ビンやボウルなどから食材をきれいに取り出すのに便利

◆菜箸《さいばし》＊・木へら＊
菜箸は２膳以上あると便利

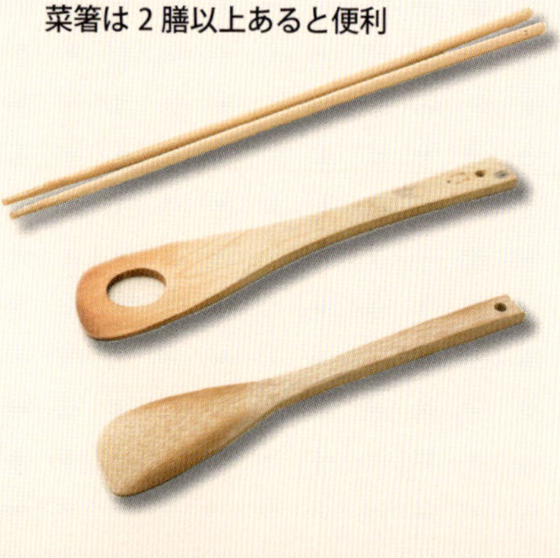

◆鍋＊・フライパン＊
大きさの違うステンレス製片手鍋があると、ゆで物などの下ごしらえにも使える

◆蒸し器☆
水を入れる部分は鍋としても使える。普通の鍋に、安定性のある小さな皿やボウルを入れて台にし、湯を沸かして蒸し器代わりにもできる

フライパンの径に合った蓋もあると便利

◆落とし蓋☆
大きさを変えられるステンレス製が便利。そのつどクッキングシートを切ってもよい

◆包丁＊・まな板＊
　家庭料理には、普通の包丁が 1 丁あれば OK。また、果物の皮むきなどに使うナイフがあると便利。砥石か簡易な包丁とぎもそろえたい

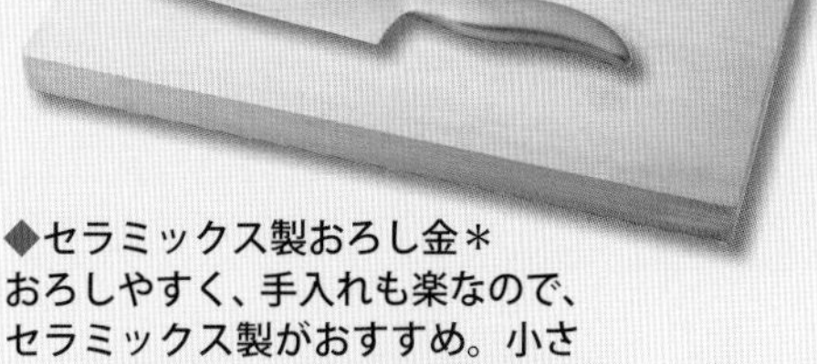

◆お玉＊・フライ返し＊・アク取り☆・トング☆

◆キッチンばさみ＊・ピーラー☆
昆布などの食材を切ったり食材の袋を開封するために、キッチン専用のはさみを用意する。野菜の皮むきや人参などを薄く切りたいときは、ピーラーが便利

◆セラミックス製おろし金＊
おろしやすく、手入れも楽なので、セラミックス製がおすすめ。小さいものは生姜などをするのに便利

◆すり鉢＊
古くから使われてきた和食のための道具で、そのまま食卓に出せるタイプも出回っている

◆オイルポット＊
揚げ物に使った油をこして保管する

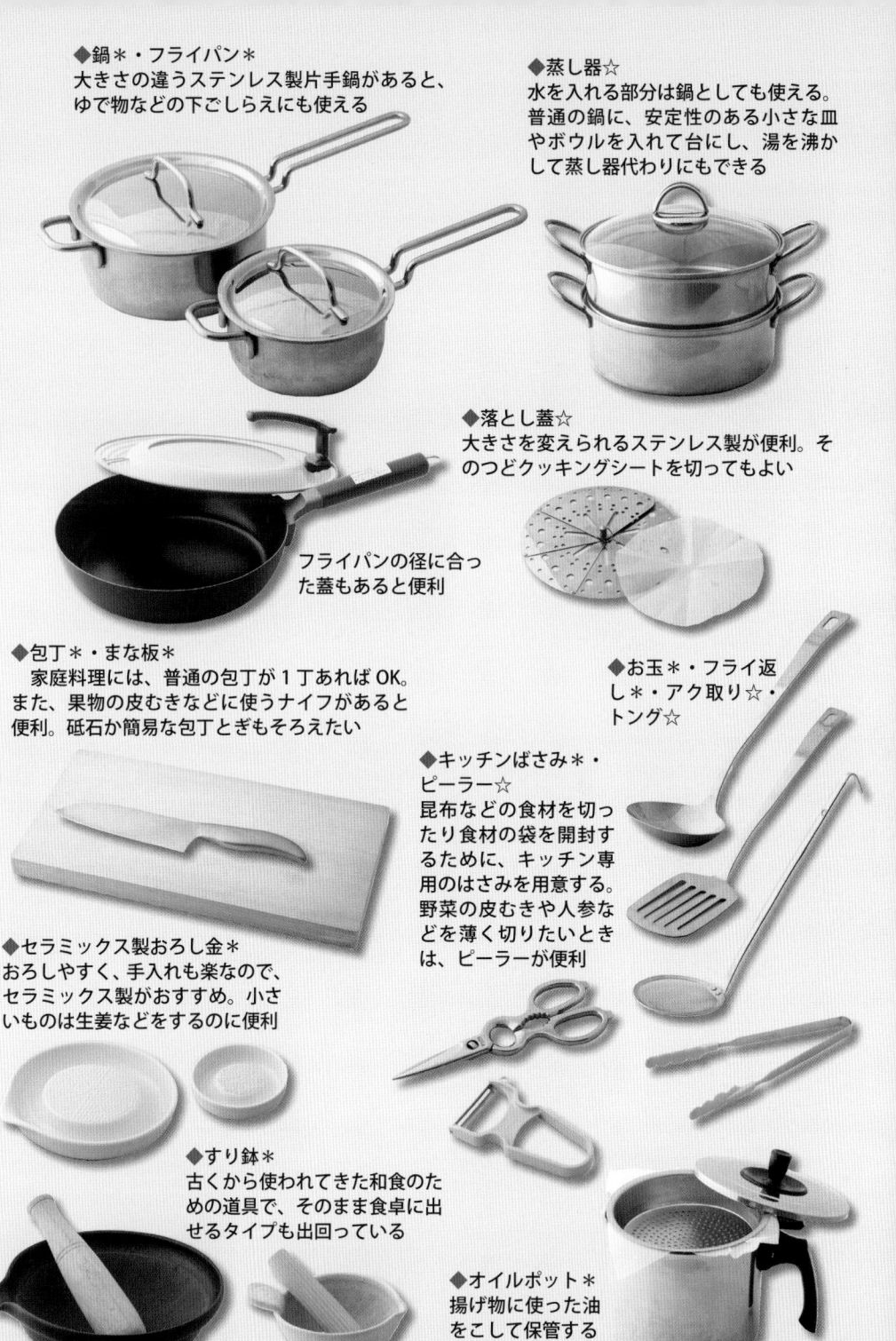

◆◆◇

ハンバーグ

牛ひき肉100%、わが家で本格派を

〈材料〉

- 牛ひき肉　200g
- 玉ねぎ　1/2個(100g)→みじん切り ／ 油　小さじ1 ｝→よく炒めて冷ましておく
- パン粉　1/3カップ→牛乳に浸しておく ／ 牛乳　大さじ1
- 卵　1個→溶いておく
- 塩　小さじ1/4
- こしょう・ナツメグ　各少々
- 油(焼き用)　小さじ1

〈ソース〉

- 水　大さじ2
- 赤ワイン　大さじ1½
- トマトケチャップ　大さじ2½
- ウスターソース　大さじ1½

〈付け合わせ〉

- 人参　1/2本(100g)→1cm厚さの輪切りにして面取り
- 砂糖　大さじ1 ｝A
- バター　10g ｝A
- 水　200mℓ ｝A
- ブロッコリー　1/2個→小房に分けて、ゆでる

◆牛ひき肉と豚ひき肉をお好みの割合で合わせた合いびき肉や、豚ひき肉だけでも試してみてください。それぞれのハンバーグが楽しめます。

〈牛肉選びのポイント〉
日本人の大好きな「霜降り牛肉」は、濃厚飼料と呼ばれるトウモロコシや大豆かすなどを与えて育てた牛の肉。飼料の遺伝子組み換えやポストハーベスト(収穫後)農薬が心配です。

〈作り方〉

❶ ボウルに牛ひき肉を入れ、塩、こしょう、ナツメグを加えて、手でよく練り混ぜる。炒めた玉ねぎを加え、牛乳に浸したパン粉、溶き卵も加えて、よく混ぜる。

まずひき肉に下味をつけてから、玉ねぎなどを加えましょう

❷ 2等分し、両手の間でキャッチボールするようにして、中の空気を抜きながら小判型にまとめ、中央を少しくぼませる。

❸ フライパンに油を熱し、❷を入れ、中火で焼く。ほどよい焼き色がついたら裏返し、火を少し弱め、蓋をして焼く。ふっくらして中まで火が通ったら取り出す。

❹ フライパンの余分な油を取り除き、焼き汁に水と赤ワインを入れて煮立てる。トマトケチャップ、ウスターソースを加えて軽く煮詰め、ソースを作る。

肉汁のうま味も生かしたソースです

❺ 小鍋に人参とAを入れて、弱火で水がなくなるまで煮る。

❻ ❸に❹をかけ、ゆでたブロッコリーと❺を添える。

◆◇◇

豚肉の生姜焼き

ご飯がすすむ豚肉のおかず決定版

〈材料〉

- 豚肩ロース肉（生姜焼き用） 150g →合わせ調味料に漬け込む
- 油　小さじ1
- レタス　2枚→1cm幅に切って冷水にさっとつけ、水気をきる

〈合わせ調味料〉→合わせておく

- 生姜汁　大さじ1/2
- 醤油・酒　各大さじ1½
- 砂糖・みりん　各小さじ1/2

〈生姜汁の作り方〉

①生姜はきれいに洗い、皮ごとおろし金ですりおろす（皮の下の部分に風味があるため）。汚れがひどいときはスプーンの端などで皮を薄くこそげる（削り落とす）。

②おろした生姜を指でしぼり、生姜汁をとる。

＊生姜1かけ（10g）で約小さじ1の生姜汁ができる。

〈作り方〉

❶ フライパンに油を熱し、豚肉の汁気をきりながら、1枚ずつ広げて強火で焼く。

❷ 色が変わったものから順に裏返し、すべて裏返したら、残った漬け汁を入れて豚肉にからませる。

❸ 皿に盛り付け、水気をきったレタスを添える。

〈豚肉選びのポイント〉

スーパーには、国産（○○県産）と書かれた豚肉と、品種・肉質や飼育法などにこだわったブランド（銘柄）豚が並び、アメリカ産やカナダ産も見かけます。できれば国産を選びたいもの（ただし、エサはほとんどが輸入）。また、トレイにドリップが出ていないものを選びましょう。肉の場合も、ドリップは鮮度の目安です。

◆◆◇

鶏の照り焼き

冷めてもおいしく、お弁当にもおすすめ

〈材料〉
- 鶏モモ肉　１枚（約250g）
- 油　小さじ１
- 七味唐辛子　適宜（お好みで）
- 付け合わせの野菜　適宜

〈合わせ調味料〉→合わせておく
- 醤油　大さじ１½
- 酒　大さじ１
- 砂糖　大さじ 1/2
- みりん　小さじ１

鶏肉の黄色い脂を取ります

〈作り方〉

❶ 鶏モモ肉は余分な脂を取り除き、厚みが均等になるようにし、包丁の先で皮に数カ所、小さい穴をあける。

❷ フライパンに油を熱し、❶の皮を下にして中火で焼く。焼き色がついたら裏返して少し焼き、余分な油をふき取り、合わせ調味料（たれ）を入れて蓋をする。

❸ ２分ほどしたら蓋を取り、もう一度皮を下にして、フライパンをゆすりながら水分をとばし、たれを鶏肉にからめる。

❹ 食べやすくそぎ切りにした❸を器に盛り付け、付け合わせの野菜を添えて、好みで七味唐辛子をふる。

◆付け合わせの野菜も、途中から同じフライパンで一緒に炒めるとよいでしょう。
＊鶏肉選びのポイントは 82 ページ参照。

◆◆◇

蒸し鶏

お鍋で蒸したジューシーなムネ肉を中華香味ソースで

〈材料〉

- 鶏ムネ肉　1枚（約200g）→厚さを均一にし、下味をつける
  酒　小さじ1
  塩　ひとつまみ
- 長ねぎ（青い部分）　1本分 ｝→包丁の背でたたく
- 生姜　厚めのスライス1枚 ｝→包丁の背でたたく
- 長ねぎ（白い部分）　8 cm →長さを半分にして白髪ねぎにする

〈香味ソース〉→合わせておく

- 長ねぎ　3 cm（白髪ねぎにした残りの芯を使ってもよい）→みじん切り
- 生姜　1/2 かけ→みじん切り
- 醤油　大さじ1
- 酢　大さじ 1/2
- ごま油　大さじ 1/2
- ラー油　小さじ 1/2
- 砂糖　少々

〈作り方〉

❶ 鍋に下味をつけた鶏肉を入れ、長ねぎ（青い部分）と生姜をのせ、鶏肉の半分くらいまで水を入れて、蓋をして中火にかける。

❷ 沸騰したら弱火にし、1～2分たったら裏返して、5分蒸し煮する。火を止め、そのまま冷ます。

❸ ❷を1 cm ほどの厚さに切って器に盛り、白髪ねぎを添え、香味ソースをかける。

◆蒸し鶏は辛子醤油や酢醤油などであっさりいただくのも、おいしいです。お好きなたれで召し上がってください。

◆◆◇

鶏のから揚げ

揚げたてをいただく楽しみをご家庭で

〈材料〉
- 鶏モモ肉　300g
- 卵　1/2 個
- 片栗粉・薄力粉　各大さじ 1 →合わせておく
- 揚げ油　適量
- レモン　適量

〈合わせ調味料〉→合わせておく
- 生姜　1/3 かけ→すりおろす
- にんにく　1/3 かけ→すりおろす
- 醤油　大さじ 1/2
- 酒　大さじ 1/2
- こしょう　少々

◆卵はなくてもかまいません。卵をもみ込むと、ふんわりジューシーなから揚げになります。

〈作り方〉

❶ 鶏肉は大きめの一口大に切ってボウルに入れ、合わせ調味料を加えてよくもみ込み、5 分ほどおく。

❷ 卵を溶きほぐして❶に加え、よく混ぜながらもみ込む。水分がなくなったら、粉を加えてよく混ぜる。

❸ 揚げ油を 170℃に熱し、❷をひとつずつ離しながら入れ、ときどき裏返して 4 〜 5 分揚げる。最後に温度を上げて、カリッと揚げる。

❹ 油をよくきって器に盛り付け、レモンを添える。

乾いた菜箸を入れ、すぐに細かい泡が立ったら中温（170℃）

肉料理

◆◆◆

クリームシチュー

ホワイトソースから作るやさしい味です

〈材料〉
- 鶏モモ肉　150g
  塩・こしょう　各少々
- じゃがいも　1個(150g)→一口大に切る
- 人参　1/2本(100g)→じゃがいもより小さめの乱切り
- 玉ねぎ　1/2個(100g)→1.5cm幅のくし切り
- ブロッコリー　1/4個→小房に分けて、ゆでる
- 油　小さじ1
- 鶏がらスープ　200mℓ
- 白ワイン(日本酒でもよい)　大さじ1
- 塩　小さじ1/3
- こしょう　少々

〈ホワイトソース〉
- バター　15g
- 薄力粉　大さじ1½
- 牛乳　200mℓ

〈作り方〉

❶ 鶏モモ肉は余分な脂を取り除いて一口大に切り、塩・こしょうで下味をつける。

❷ 鍋に油を熱し、鶏肉を入れて色が変わる程度に炒め、じゃがいも、人参、玉ねぎを加えてサッと炒める。鶏がらスープと白ワインを入れていったん沸騰させたら、中火でじゃがいもと人参が軟らかくなるまで煮込む。

❸ 別の鍋でホワイトソースを作る。バターを入れて弱火にかけ、溶けたら薄力粉を加え、へらで鍋底をこするように常に混ぜ合わせる。

❹ なめらかになったら、少しずつ牛乳を加えて混ぜる。

❺ お玉で❷からスープを取って加え、ホワイトソースをのばしてから、❷の残りを入れて混ぜ合わせる。塩・こしょうで味を調え、ブロッコリーを加えて火を止める。

❸

バターを入れ、薄力粉を炒めます

❹

少しずつ牛乳を加えます

❺

スープを加えてから材料を入れます

◆◆◆

ロールキャベツ

とろけるほどのキャベツの甘さを味わって

〈材料〉

- キャベツ　大４枚→ゆでて、冷ましておく
- 合いびき肉　150g
- 玉ねぎ　1/2個（100g）→半分はみじん切り、半分は薄切り
- パン粉　10g→洋風スープ大さじ２でしめらせておく
- 塩　小さじ1/4
- ナツメグ　少々

A（パン粉・塩・ナツメグ）

- ベーコン　２枚→細長く２等分にする
- 洋風スープ　400㎖
- 塩・こしょう　各少々

〈作り方〉

❶ キャベツは広げて芯の部分をそぎ、水気をふき取っておく。芯の部分はみじん切りにして肉だねに混ぜる。

❷ ボウルに合いびき肉を入れ、Aを加えてよく混ぜる。玉ねぎのみじん切りとキャベツの芯も加えて、４等分する。

❸ キャベツの葉の外側を下にして広げ、手前に❷を俵型にしてのせ、空気が入らないようにきっちり巻く。同様に４個作り、ベーコンをぐるりと巻く。

❹ 鍋に玉ねぎの薄切りをしき、その上に❸の巻き終わりを下にして、すき間なく並べる。

❺ 洋風スープを加え、落とし蓋をして、キャベツが軟らかくなるまで約30分煮る。塩・こしょうで味を調える。

❸

巻き終わりは、葉をすき間に押し込みます

❹

すき間なく並べます

◆◆◇

簡単ポトフ

大きめに切った野菜をうま味たっぷりのスープと一緒に

〈材料〉

- ウインナーソーセージ　6本→切れ目を入れておく
- 玉ねぎ　1/2個(100g)
- 人参　1/2本(100g)
- セロリ　1/3本(30g)
- じゃがいも(大)　1個(200g)

（玉ねぎ～じゃがいも）→大きめの一口大(4等分程度)に切る

- キャベツ　1/6個(200g)→半分に切る
- 洋風スープ　600㎖
- パセリ　1枝→葉と軸を分け、葉はきざむ
- ローリエ　1枚
- 粒こしょう　5粒
- 塩　小さじ1/2

◆食材の状態によって、料理の味は違ってきます。分量の塩を全部入れず、味をみて加減しながら加えましょう。

〈作り方〉

❶ 鍋に洋風スープを入れ、玉ねぎ、人参、セロリ、パセリの軸、ローリエ、粒こしょうを入れて、中火で10分ほど煮る。

❷ じゃがいも、キャベツも加え、すべての野菜が軟らかくなるまで煮る。

❸ ウインナーソーセージを加え、一煮立ちしたら、塩で味を調える。

❹ 器に盛り付け、パセリのみじん切りをふる。

〈加工肉選びのポイント〉

亜硝酸Na、ソルビン酸、リン酸塩などの食品添加物がたくさん使われている加工肉があります。表示をよく見て、なるべく添加物の少ないものを購入し、早めに使い切りましょう。

◆◆◆

餃子

お休みの日にたっぷり作って楽しく召し上がれ

〈材料〉(24 個分)

- 餃子の皮　24 枚
- 豚ひき肉　150g
- 白菜(キャベツでもよい)　150g
  塩　小さじ1
- ニラ　1束→7～8mm の小口切り
- 生姜　1/2 かけ→すりおろす
- にんにく　1/2 かけ→すりおろす
- 酒　大さじ1 ┐
- ごま油　大さじ1 │
- 醤油　小さじ1 ├ A
- 塩　小さじ 1/4 │
- 砂糖　ひとつまみ ┘
- 油　適量
- ごま油(香りづけ)　小さじ1～2

〈作り方〉

❶ 白菜は細かくきざんで、塩でよくもみ、水気が出てきたら両手でしっかりしぼる。

❷ 豚ひき肉は、Aを加えて、粘りが出るまでよく混ぜ合わせる。粘りが出たら、❶とニラ、生姜、にんにくを入れてよく混ぜる。

❸ 皮の上に❷を大さじ1くらいのせ、皮の縁に水をつけて合わせてから、ひだを作り形を整える。

❹ 熱したフライパンに油を引き、❸を並べる。焼き目がつくように強火にし、餃子の 1/3 の高さまで湯を入れ、蓋をして中火で蒸し焼きにする。

❺ 水分がほとんどなくなったら蓋を開け、完全に水気をとばし、ごま油を回し入れ、底がパリッとするまで焼く。お好みで、醤油、ラー油、酢(分量外)をつけていただく。

〈皮選びのポイント〉
破れにくく、しっとりした皮に食品添加物が使われていることがあります。表示をチェックしましょう。

バットに水でぬらしてしっかり絞ったキッチンペーパーを敷き、包んだ餃子を並べると、くっつかず、皮も乾きません

餃子の 1/3 の高さまで湯を入れます

◆焼く前の餃子は冷凍保存できます。水餃子にしてもおいしく召し上がれます。

◆◆◇

青椒肉絲《チンジャオロースー》

味も彩りも野菜のしゃきしゃき感も楽しめる家庭の中華

〈材料〉

- 牛モモ薄切り肉　120g →細切り
  酒・醤油　各小さじ 1
- 片栗粉　小さじ 1
- ごま油　小さじ 1
- ピーマン　2 個→ 5 mm 幅の細切り
- カラーピーマン（赤）　1 個→ 5 mm 幅の細切り
- たけのこ（水煮）（もやしでもよい）　50g → 5 mm 幅の細切り
- にんにく　1/4 かけ→みじん切り
- 油　小さじ 2（野菜炒め用）、小さじ 1（牛肉炒め用）
- ごま油　小さじ 1/2

〈合わせ調味料〉→合わせておく

- 醤油　小さじ 2
- 酒　大さじ 1/2
- オイスターソース　小さじ 1
- 砂糖　小さじ 1/4

〈作り方〉

❶ 牛肉に酒と醤油をよくもみ込んで下味をつけてから、片栗粉を混ぜ、ごま油を回しておく。

❷ フライパンに油小さじ 2 を熱し、強火でピーマン類を炒め、たけのこを加えてサッと炒め、取り出す。

❸ ❷のフライパンに油小さじ 1 を足し、にんにくを入れてから火をつけ、香りが出たら、火を強めて❶を入れ、ほぐしながら炒める。

❹ 色が変わったら❷を戻し、合わせ調味料を入れ、強火で手早く炒めあげる。仕上げに、ごま油を回しかける。

◆にんにくは焦げやすいので、油とにんにくを入れてから火をつけ、弱火で香りを出します。

◆◆◇

回鍋肉《ホイコーロー》

肉を先にゆでておいて一気に仕上げましょう

〈材料〉

- 豚バラ薄切り肉　120g →一口大に切り、ゆでておく
- キャベツ　150g → 3 cm 角に切る
- カラーピーマン（黄）　1 個→ 2 cm 角に切る
- 生姜　1/2 かけ→みじん切り
- にんにく　1/2 かけ→みじん切り
- 豆板醤《トウバンジャン》　小さじ 1/2
- 油　小さじ 2

〈合わせ調味料〉→合わせておく

- 甜麺醤《テンメンジャン》　大さじ 1/2
- 味噌　小さじ 1
- 酒　大さじ 1/2
- 醤油　小さじ 1
- 水　大さじ 1

〈作り方〉

❶ 中華鍋に油を入れ、生姜、にんにくを入れて火にかけ、香りが出たら、強火にして豚肉を炒める。

❷ 鍋肌に豆板醤を入れて香りと辛さを出し、合わせ調味料の 1/3 を加えて炒める。

❸ 調味料が肉になじんだら、キャベツとカラーピーマンを入れて強火で炒め、残りの合わせ調味料を入れて、からめる。

◆「回鍋」とは、一度調理したものを再び鍋に戻すという意味。豚肉をかたまりのままゆでて、冷ましてから薄切りにして野菜と炒め合わせて調味した、代表的な四川料理です。薄切り肉を使えば、手軽に作れます。
◆豚肉をゆでた汁はスープに使いましょう。

◆◇◇

鯵《あじ》の塩焼き

旬の魚をまずはシンプルに

〈材料〉

- 鯵　2尾（えら、腹わたを取ったもの）
  塩　小さじ1
  塩（化粧塩）　少々

〈みょうがの甘酢漬け〉

- みょうが　2個→さっとゆでて水気をきり、甘酢に漬ける

〈甘酢〉

- 酢　大さじ2
- 砂糖　大さじ1
- 塩　少々

（酢・砂糖・塩を）鍋に入れ一度煮立て、冷ましておく

〈作り方〉

ぜいごを取ります

❶ 鯵はぜいご（堅いうろこ）を取り、表になるほうの身の厚いところに切れ目を入れる。
❷ 全体に塩をふって10分ほどおき、水気をふき取る。
❸ 焼くときに、もう一度全体に塩少々をふり、尾と胸びれには焦げにくいように塩をすり込む（化粧塩）。
❹ 鯵の両面を焼き、みょうがの甘酢漬けを添える。

◆化粧塩は、魚を焼くとき、焦げないようにするために、尾やひれにまぶす塩。焼き上がりが美しくなります。
◆魚焼きグリルは強火で1分予熱し、盛り付けの際に表になるほうを上にして8～10分焼きます。全体にこんがりと焼き色がつくまで、焼いてください。なお、グリルのタイプや魚の大きさによって焼き時間は変わります。

ぶりの照り焼き

フライパンを使って失敗なく

〈材料〉

- ぶり（切り身）　２切れ→塩をふっておく
  塩　少々
- 油　小さじ１
- 大根　適宜→すりおろし、ザルにあげておく
- 七味唐辛子　適宜（お好みで）

〈たれ〉→合わせておく

- 醤油　大さじ２
- みりん　大さじ１
- 砂糖　大さじ 1/2

◆みりんや酒は加熱調理するとアルコール分がとびます。そのまま使うときは、あらかじめ加熱して、アルコール分をとばしておきましょう（「煮切る」という）。

〈作り方〉

1. フライパンに油を熱し、水気をふいたぶりを入れ、中火で焼く。焼き色がついたら裏返し、蓋をして裏側も焼く。
2. 余分な脂をふき取ってからたれを入れ、ぶりにかけながら煮詰める。照りが出て、とろりとしてきたら、火を止める。
3. 器に盛り付け、大根おろしを添える。

〈醤油選びのポイント〉
醤油の原料の大豆と小麦はほとんどが輸入。遺伝子組み換え大豆使用でも、表示の義務はありません。また、脱脂大豆は、ノルマルヘキサンという溶剤につけて油を抽出した後の大豆が原料です。表示をよく見ましょう。「薄口醤油」は色は薄いけれど塩分が多いので、味つけの際に気をつけてください。

◆◆◇

鯖《さば》の味噌煮

脂ののった鯖と味噌を合わせたおかず

〈材料〉

- 鯖（切り身） 2切れ→皮に切り込みを入れておく
- 生姜　1/2 かけ→薄切り

〈煮汁〉

- 水　150mℓ
- 酒　50mℓ
- 砂糖　大さじ1½
- 醤油　大さじ1/2
- 味噌　大さじ1½

〈作り方〉

❶ 鯖に熱湯をかけて霜降りにする。残った腹わたと中骨の血は、きれいに洗い流す。

熱湯にさっと通します

❷ 鍋に味噌以外の煮汁と生姜を入れて煮立て、皮を上にして鯖を入れる。落とし蓋をして中火で7～8分煮る。

落とし蓋は紙で作れます

❸ 鯖に火が通ったら煮汁に味噌を溶き入れ、さらに4～5分煮て、器に盛り付ける。

味噌は後から入れます

〈煮魚の下ごしらえ「霜降り」とは〉

魚の表面を固めて、まわりのぬめりや汚れを落とし、生臭みを抜く効果があります。身がしまるので、煮崩れも防げます。ザルやバットに並べた切り身を熱湯に通してから、ボウルに用意した水に入れて、汚れをそっと洗い、キッチンペーパーで水気をとりましょう。

〈魚を積極的に食卓へ〉

　四方を海に囲まれた日本は魚食文化の国ですが、近年魚の消費量が減っています。厚生労働省の調査によると、国民一人1日あたりの摂取量は2006年に肉類が魚介類を上回りました。ベストスリーは鮭、いか、まぐろ。調理の際ごみが出ないもの、骨がなくて食べやすいものが求められるようです。購入するとき、お店で内臓を取ったり、おろしたりしてもらえば、家庭での調理ごみを減らせるので、いろいろな種類を食べましょう。良質のたんぱく源で、健康維持に欠かせない脂肪酸の一種であるEPA（エイコサペンタエン酸）も多く含まれています。

◆◆◆

いわしの蒲焼き

手開きにチャレンジしましょう

〈材料〉

- いわし（大）　2尾→手開きする
- A
  - 生姜汁（→ 22 ページ）　小さじ 2
  - 醤油　大さじ 1 ½
  - 砂糖　大さじ 1
  - 酒　大さじ 1
  - みりん　大さじ 1
- 片栗粉　大さじ 1 ～ 2
- 長ねぎ　1/2 本→ 3 ～ 4 cm に切る
- ししとう　4 個→ 1 ～ 2 カ所に穴をあけておく
- 塩　少々
- 油　少々（野菜炒め用）、大さじ 1（いわし焼き用）

〈作り方〉

❶ A をバットに合わせ、いわしを 15 分漬ける。

❷ ❶の汁気をきって、片栗粉を両面にふる。

❸ フライパンに油少々を熱し、長ねぎ、ししとうを入れ、焦げ目がつくまで焼き、塩をふって取り出す。

❹ 同じフライパンに油大さじ 1 を熱し、いわしを皮目から両面こんがりと焼いて取り出し、器に盛る。

❺ フライパンに残りの漬け汁を入れ、半量になるまで煮詰め、いわしにかけ、❸を添える。

〈いわしの手開きの手順〉

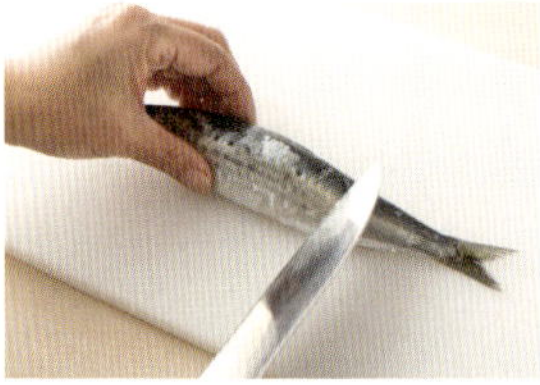

うろこを落とします

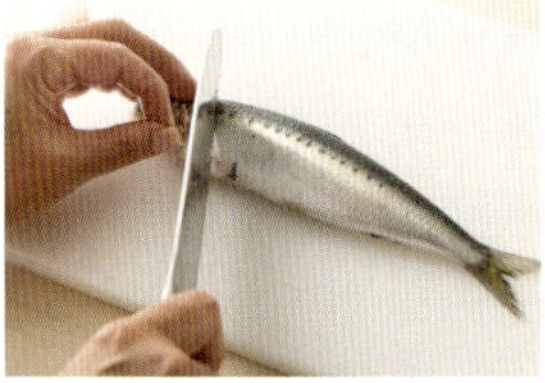

頭を落とします

腹びれの下まで包丁を入れ、腹わたをかき出します

水でていねいに洗い、水気をふき取り、指を滑らせて身を開きます

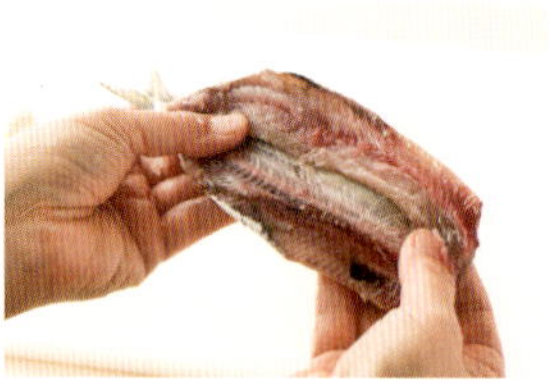

完全に開いたところ

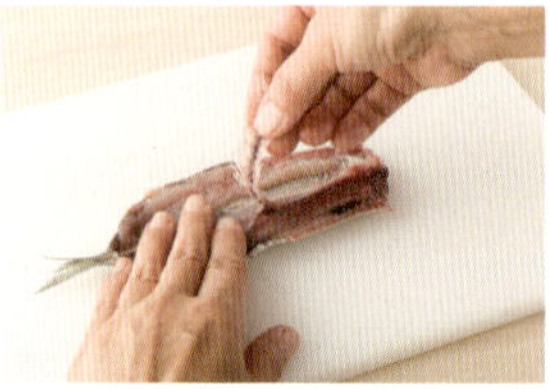

身を押さえながら中骨をはずします

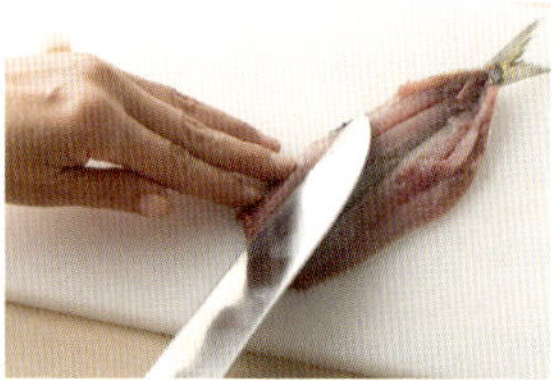

腹骨をそぎ取ります

◆材料に粉を薄くまんべんなくふりたいときは、まずバットに茶こしでふり、その上に材料を置き、上から再び茶こしでふります。こうすれば粉の量が少なくてすみます。

◆◆◇

金目鯛の煮つけ

切り身を使って手軽においしい煮つけを

〈材料〉

- 金目鯛（切り身）　2切れ→皮に切り目を入れておく
- 生姜汁（→22ページ）　小さじ1
- 絹豆腐　1/4丁→1cm幅に切る
- ほうれん草　1/4束→さっとゆでて冷水にとり、水気をしぼり、3cmに切る

〈煮汁〉→合わせておく

- 醤油　大さじ2
- 酒　　大さじ2
- みりん　大さじ2
- 砂糖　小さじ1/2
- 水　150mℓ

〈作り方〉

❶ フライパンか浅い鍋に煮汁を入れて強火にかける。煮立ったら生姜汁を加え、金目鯛を皮を上にして入れ、落とし蓋をしてことこと煮る。

❷ 煮汁が半分くらいになったら、まわりにそっと豆腐を入れる。金目鯛に煮汁をかけながら少し煮詰める。

❸ 器に盛って煮汁をかけ、豆腐とほうれん草を添える。

◆煮魚の味つけには、砂糖をみりんと同量入れる甘めもあります。一方、甘味をまったく入れない煮つけもおいしいものです。お好みの煮汁の味を見つけてください。

◆◇◇

いかとアスパラの炒め物

さっぱり味の炒め物。材料さえそろえばすぐにできます

〈材料〉

- いか　100g →横に浅く切れ目を入れ、そぎ切りにする
  酒　小さじ 1/2 ｝A
  塩・こしょう　各少々 ｝A
- 片栗粉　小さじ 1/2
- グリーンアスパラ　２本→斜め薄切り
- セロリ　1/4 本→斜め薄切り
- 生姜　1/4 かけ→みじん切り
- 酒　大さじ１ ｝B →合わせておく
- 塩　少々 ｝B
- 鶏がらスープ　大さじ１ ｝B
- 油　大さじ 1/2
- ごま油　小さじ１

〈作り方〉

❶ いかはＡで下味をつけ、片栗粉をまぶす。
❷ フライパンに油と生姜を入れて火にかけ、香りが出たら野菜を加えて強火で炒め、いかを加える。
❸ ❷に❶とＢを入れて手早く炒め合わせ、火を止めて、ごま油を回し入れる。

〈スープの素選びのポイント〉
鶏がらスープの素や洋風スープの素(コンソメ)は、スープのだしとしてだけでなく、炒め物などの味を引き立てるのに役立ちます。ただし、表示をよく見て選びましょう。多くの場合は化学調味料が使われ、たんぱく加水分解物で味をつけたり、pH 調整剤や着色料などの食品添加物が使われているからです。

◆◆◇

エビチリ

エビのうま味をたっぷり引き出した人気の炒め物

〈材料〉
- エビ　10尾→塩(分量外)をもみ込んでから水で洗い、殻をむいておく
  塩　少々
  酒　大さじ1
  片栗粉　大さじ1
- 生姜　1/2かけ→みじん切り
- にんにく　1/4かけ→みじん切り
- 長ねぎ　10cm→みじん切り
- 豆板醤　小さじ1/3
- 油　大さじ1/2(エビ炒め用)
- 油　大さじ1
- ごま油　大さじ1
- ほうれん草　1/2束→さっとゆでて冷水にとり、水気をしぼり、3cmに切る
- 油　大さじ1/2(ほうれん草炒め用)

〈合わせ調味料〉→合わせておく
- トマトケチャップ　大さじ2
- 酒　大さじ1
- 砂糖　大さじ1/2
- 醤油　小さじ1
- 片栗粉　小さじ1/2
- 鶏ガラスープ　50mℓ

〈作り方〉

❶ エビは背に切れ目を入れて開き、背わたを取り除く。水気をしっかり取り、塩、酒と片栗粉をまぶす。

❷ 中華鍋に油大さじ1/2を熱し、ほうれん草をさっと炒めて皿にしく。油大さじ1/2を足し、❶を両面焼き、いったん取り出す。

❸ 中華鍋に油大さじ1を入れ、生姜、にんにくを焦がさないように炒め、豆板醤を加えて少し炒め、合わせ調味料を入れる。とろみがついたら、❶と長ねぎを入れ、仕上げにごま油を回し入れる。

❹ ほうれん草の上に❸を盛り付ける。

〈エビ選びのポイント〉

日本人は世界でも指折りの「エビ好き」ですが、自給率は10%足らず。ベトナム、インドネシア、タイなどから養殖のエビを大量に輸入しています。天然エビの割合はごくわずかですから、スーパーでよくお目にかかる表示は「養殖」。でも、どんな養殖をしているかまではわかりません。できれば、環境に配慮し、天然のエサで育ち、加工過程で食品添加物使用の心配のない「エコシュリンプ」を選びたいものです。

集約型のエビ養殖には、次のように多くの問題があります。

①養殖池を造るために、熱帯のマングローブ林が伐採される。

②人工的なエサや抗生物質などの薬品による水質汚染と土壌汚染。

③汚染されて使用不可能となった池は放置され、新しい土地に養殖池が造られる。

④エサに使われている抗菌剤や酸化防止剤などの飼料添加物、多発する病気の予防に使われる抗生物質などの安全性にも問題がある。

⑤変色防止などのために、加工場で酸化防止剤などの薬品が使用される。

一方、エコシュリンプは自然と共存する持続的な養殖法で育てられるので、環境を破壊せず、人工的なエサや薬品も使わないので、安心・安全です。

◆◇◇

鯛のカルパッチョ

簡単にできるおしゃれなイタリアンの前菜

〈材料〉

- 鯛　100g →薄く切る
- ベビーリーフ　適宜

〈ドレッシング〉→合わせておく

- 玉ねぎ　1/8 個(25g)→みじん切り
- カラーピーマン(赤)　1/4 個→みじん切り
- オリーブ　2個→種を取ってみじん切り
- 白ワインビネガー　大さじ 1/2
- 塩　小さじ 1/4
- こしょう　少々
- オリーブオイル　大さじ1

〈作り方〉

❶ 平らな皿にベビーリーフをしき、鯛を重ならないように並べる。

❷ 食べる直前に、ドレッシングをかける。

〈手作りドレッシングのすすめ〉

冷蔵庫に市販のドレッシングが並んでいませんか？　一度に使い切れないので、保存性をもたせ、あまり分離せず使いやすくするために、たくさんの食品添加物が使われています。酢、油、香辛料を変えることで、バリエーション豊かな家庭の味ができます。ドレッシングを買うものから作るものへ！

◆◇◇

白身魚のアクアパッツア

魚介を味わうイタリアンを切り身魚で手軽に

〈材料〉

- 白身魚（すずき、いとより、いさきなど）
  2切れ
  塩　小さじ1/2
  こしょう　少々
- あさり　10個
- ミニトマト　10個→へたを取って半分に切る
- セロリ　3cm→斜め薄切り
- オリーブ（黒）　5個→2つに切って種を取る
- にんにく　1/2かけ→薄切り
- 白ワイン　大さじ2
- 水　150mℓ
- オリーブオイル　大さじ1

〈作り方〉

❶ 白身魚の両面に、塩・こしょうをする。

❷ フライパンにオリーブオイルを熱し、魚を盛り付けたとき上になる側から焼き、焼き色がついたら裏返す。

❸ ❷ににんにくを加えて炒め、あさり、ミニトマト、セロリ、オリーブ、白ワイン、水を加え、フライパンをゆすりながら、全体をなじませる。

❹ 汁をときどき魚にかけながら、あさりが開き、全体にかるくとろみがつくくらいになったら、火を止める。

◆あさりの下処理

①ボウルかバットに入れ、３％程度の塩水をひたひたに加えて皿などで蓋をし、冷暗所に１～２時間置いて砂出しをする。
②殻をこすり合わせて、真水で洗う。

◆◆◇

鮭のムニエル

さわやかなバターソースが味を引き立てます

〈材料〉

- 生鮭　2切れ
  塩　小さじ 1/4
  こしょう　少々
- 薄力粉　大さじ 1/2
- 油　小さじ 1
- バター　15g
- レモン　1/2 個→輪切り 2 枚、残りは果汁小さじ 1 をしぼる
- クレソン　1/2 束→茎の硬い部分を除く

〈作り方〉

❶ 生鮭に塩・こしょうをして、しばらくおく。

❷ 水気をふき取り、薄力粉をまぶす。余分な粉は、はたいておく。

❸ フライパンに油を熱し、❷を皮を下にして焼く。皮に焼き色がついたら、バターを加え、身も全体にほどよく焼き色がつくように焼く。

❹ 器に盛り付け、残ったバターソースにレモン汁を加えて鮭にかけ、クレソンと輪切りのレモンを添える。

魚料理

〈レモン選びのポイント〉

スーパーで見かけるレモンのほとんどは輸入品で、収穫後に防かび剤や防腐剤(ポストハーベスト農薬)がかかっています(OPP、TBZ、イマザリルなどと表示)。残留性が高いので、よく洗い、皮をむいて使いましょう。国産なら、ポストハーベスト農薬の心配はありません。収穫後すぐのグリーンレモンから、黄色く色づいたレモンまで、皮も安心して利用できます。

◆◆◆

エビフライ

サクサク、ふんわりと揚げましょう

〈材料〉

- エビ　6尾→塩(分量外)をもみ込んでから水で洗う
- 薄力粉　大さじ2
- 卵　1/2個→溶いておく
- パン粉　1/4カップ
- 油(揚げ用)　適量
- キャベツ　100g→せん切り
- きゅうり　1/2本→せん切り
- レモン　1/4個→くし切り

〈タルタルソース〉→合わせておく

- ピクルス(きざんだもの)　大さじ1/2
- ゆで卵(固ゆで)　1/2個→みじん切り
- マヨネーズ　大さじ1½

〈作り方〉

❶ エビは尾から1節残して殻をむき、背わたを取る。

❷ 剣先(尾の上にあるとがった部分)を取り、尾の先を切り取って中の水分をしごき出し、腹側に3本ほど切れ目を入れる。

❸ キャベツときゅうりを混ぜて冷水にさっとつけ、水気をきる。

❹ ❷に薄力粉、溶き卵、パン粉の順に衣をつけ、180℃の油で揚げる。❸とともに盛り付け、タルタルソースとレモンを添える。

〈油選びのポイント〉

「サラダ油」の多くは大豆油と菜種油の混合油です。原料の大豆と菜種(トウモロコシと綿も)のほとんどは輸入で、遺伝子組み換えされたものが多くを占めるはずですが、表示の義務がないのでわかりません。メーカーに尋ねてみてください。

◆◆◇

肉じゃが

家庭料理の定番中の定番、たっぷり具材で

〈材料〉

- 牛薄切り肉　100g →一口大に切る
- じゃがいも(男爵)　2個(300g)→皮をむいて大きめの一口大に切り、水にさらす
- 人参　1/2本(100g)→一口大の乱切り
- 玉ねぎ　1/2個(100g)→2cmのくし切り
- しらたき　1/2玉→下ゆでして、食べやすい長さに切る
- いんげん　3本(20g)→2つに切る
- だし(→ 13ページ。水でもよい)　250mℓ
- 酒　大さじ1
- 砂糖　小さじ2
- 醤油　大さじ1½
- 油　小さじ1/2

〈作り方〉

❶ 鍋に油を熱し、強火で牛肉を炒める。色が変わったら、じゃがいも、人参、玉ねぎ、しらたきを入れて、ひと混ぜする。

❷ だし(水)、酒、砂糖を入れて、煮立ったらアクを取り、中火にして落とし蓋をし、7～8分煮る。

❸ 醤油を回し入れ、全体を混ぜ、じゃがいもが軟らかくなって煮汁が少なくなるまで煮る。最後にいんげんを加えて、火を止める。

◆肉を炒めはじめたら、自然に鍋からはがれるまでさわらないこと。さわりすぎると、肉がちぎれてしまいます。

◆豚肉を使うご家庭もあります。両方にトライして、わが家の味を見つけるのもいいですね。

❶

肉を炒めるときはさわりすぎないように

❷

アクを取ります

❷

落とし蓋をします

❸

醤油を回し入れます

◆◆◇

筑前煮

材料をあらかじめ炒めることでコクを出します

〈材料〉

- 鶏モモ肉　150g →一口大に切る
- 干し椎茸　2枚→戻して一口大に切る
- こんにゃく　1/4 枚→スプーンで切る
- れんこん(小)　1/2 節(50g)→乱切りにして水にさらす
- 人参(小)　1/2 本(50g)→乱切り
- ごぼう　50g →乱切りにして水にさらす
- 絹さや　6枚→筋を取り、下ゆで
- だし(→ 13ページ)　120mℓ
- 椎茸の戻し汁　大さじ2
- 酒　大さじ1
- みりん　大さじ1
- 砂糖　大さじ 1/2
- 醤油　大さじ1½
- 油　大さじ 1/2

〈作り方〉

1. こんにゃくは一度ゆでこぼして、アクを抜く。
2. 鍋に油を熱し、鶏肉を強火で炒める。次に、れんこん、人参、ごぼうを炒め、さらにこんにゃく、干し椎茸を入れて炒めたら、だしと椎茸の戻し汁を入れる。
3. 一煮立ちしたらアクを取り、酒、みりん、砂糖を加えて火を弱め、落とし蓋をしてしばらく煮る。
4. 野菜が軟らかくなってきたら醤油を加え、汁気がほとんどなくなるまで煮て、絹さやを加える。

◆「筑前煮」と「炒り鶏」

この二つは同じ料理です。炒り鶏は、油で炒めた鶏肉や野菜を炒りつける(煮汁がなくなるまで熱を加える)ことからついた名前です。学校給食などで郷土料理として紹介する際に、「筑前煮」と言われるようになりました。また、九州地方には「がめ煮」と言われる同様な料理があります。これは骨つきの鶏肉を使うのが定番です。

◆こんにゃくのアク抜き

こんにゃく芋にはシュウ酸によるえぐみがあります。こんにゃくの凝固剤である水酸化カルシウムや炭酸ナトリウムがシュウ酸を中和し、えぐみを取りますが、アクとして残るので、アク抜きが必要です。アク抜きの前に塩をもみ込むと、こんにゃくの中から水分が出て、味がしみ込みやすくなります。なお、「アク抜き不要」と書かれたこんにゃくは、水酸化カルシウムなどの量が少ないもので、アクがまったくないわけではありません。また、独特のプルプル感がやや弱いかもしれません。

ゴーヤチャンプルー

いろいろな具材を一緒に炒める人気の沖縄料理

〈材料〉

- ゴーヤ　1/2 本
- 豚バラ薄切り肉　100g →一口大に切り、塩・こしょうをする
  塩・こしょう　各少々
- 玉ねぎ　1/4 個(50g)→薄切り
- 木綿豆腐　1/2 丁→よく水切りして一口大にちぎる
- 酒　大さじ 1
- 塩　小さじ 1/4
- 醤油　大さじ 1/2
- 卵　1 個→溶いておく
- ごま油　小さじ 1
- かつお節　適量

〈作り方〉

❶ ゴーヤは縦半分に切り、種とわたを取り除いて、薄くスライスする。

❷ ❶をボウルに入れ、ひとつまみの塩(分量外)をまぶしてもみ、10 分ほどおく。もう一度よくもんでから、水洗いする(苦みが苦手な人は沸騰した湯に塩少々を入れ、さっとゆでるとよい)。

❸ フライパンを熱してごま油を入れ、豚肉を強火で炒める。色が変わってきたら玉ねぎを入れ、豆腐とゴーヤも加えて炒める。

❹ 酒、塩、醤油を入れて全体に味をつけ、最後に溶いた卵を入れ大きく混ぜる。卵が少し固まったらできあがり。

❺ 器に盛り付け、かつお節を散らす。

◆◇◇

いろいろ焼き野菜

季節の野菜を簡単にたくさんおいしくいただけます

〈材料〉

- かぼちゃ　150g
- れんこん（小）　1/3 節（50g）
- グリーンアスパラ　3 本
- パプリカ（赤・黄）　各 1/2 個

→食べやすい大きさに切る

- 塩・こしょう　各少々
- 油　小さじ 2

〈作り方〉

1. 切った野菜をボウルに入れ、塩・こしょうをしてから、油を回しかけ、手で混ぜる。
2. グリルで、少し焦げ目がつくまで焼き、器に盛り付ける。

油をまんべんなくまぶします

◆オリーブオイルなら洋風、ごま油なら中華風の風味になります。
◆季節の野菜は何でも OK。うど、キャベツ、なす、椎茸、エリンギ、かぶ、じゃがいも……いろいろ試してみてください。

◆◇◇

青菜の炒め物

油で炒めてカロチンの吸収率アップ

〈材料〉

- チンゲン菜　1束(150g)→長さを3等分にし、大きいものは縦4～6つに切って大きさを揃える
- にんにく　1/2かけ→みじん切り
- 干し桜えび　2g
- 長ねぎ　3cm→みじん切り
- 酒　大さじ1/2
- 鶏がらスープ　大さじ2
- 塩　少々
- ごま油　大さじ1/2
- 水溶き片栗粉　片栗粉小さじ1/4を水小さじ1/2で溶く

〈作り方〉

❶ フライパンにごま油とにんにくを入れて火にかけ、香りが出たら、チンゲン菜の根元を強火で炒める。

❷ 八分くらい火が通ったら、チンゲン菜の葉と桜えびを加え、酒、鶏がらスープを入れる。

❸ 長ねぎを加え、塩で味を調え、水溶き片栗粉でまとめる。

◆チンゲン菜のほか、小松菜やターサイでもおいしく作れます。いずれもベータカロチンが豊富で、油との相性がよく、炒め物向きです。

◆◆◇

中華風焼きなす

皮を上手にむいて熱いうちに漬け汁に

〈材料〉

● なす　２個→縦に４本、浅く切れ目を入れる
　ごま油　適量
● 大葉　２枚→細くせん切りして水にさらす

〈漬け汁〉→合わせておく

● 長ねぎ　３cm →みじん切り
● 生姜　1/2 かけ→みじん切り
● 醤油　大さじ１
● 酢　大さじ 1/2
● ごま油　小さじ２

◆なすのまわりをごま油でコーディングすることで、早く火が入り、香りづけにもなります。少量を全体にぬりましょう。

〈作り方〉

❶ なすのまわりに薄くごま油をぬって、グリルで焼く。
❷ まわりが焦げてきてしわしわになったら、皮をむき、食べやすく切る。
❸ 熱いうちに、漬け汁に漬ける。
❹ 器に盛り付け、水気をきった大葉をのせる。

なすの皮は竹串でむきましょう

◆◇◇

かぼちゃの煮物

やさしい甘さで、ほっとなつかしい味

〈材料〉

- かぼちゃ　300g
- 砂糖　小さじ 2
- 酒　大さじ 1
- みりん　大さじ 1
- 醤油　大さじ 1/2

〈作り方〉

❶ かぼちゃはわたと種を取って、ところどころ皮をむき、軽く面取りをして、3～4 cm 角に切る。

❷ 鍋にかぼちゃを皮を下にして入れ、ひたひたの水と砂糖、酒、みりんを加え、落とし蓋をして中火で煮る。

❸ 5～6 分煮たら、醤油を加え、かぼちゃが軟らかくなるまで弱火で煮る。

〈砂糖選びのポイント〉

砂糖の原料は、4 分の 3 が輸入のサトウキビとてん菜です。煮詰めた糖液の結晶と蜜を分けた、純度の高い分蜜糖(上白糖、グラニュー糖、三温糖など)と、蜜分を含む含蜜糖(黒砂糖など)があります。

三温糖は上白糖やグラニュー糖を製造した残りの蜜から作り、精製を 3 度繰り返すことから、熱でカラメル状になり色づいたもの。ミネラルは上白糖より若干多い程度です。グラニュー糖は上白糖より水分が少なく、さっぱりしています。

◆◇◇

きんぴらごぼう

昔ながらのお惣菜、作りおきもできます

〈材料〉

- ごぼう　70g → 5 cm 長さのせん切りにし、水にさらす
- 人参　30g → 5 cm 長さのせん切り
- 赤唐辛子　1/2 本→種を出す
- 水　50mℓ
- 醤油　小さじ 1 ½
- 砂糖　小さじ 2
- 酒　小さじ 1
- ごま油　大さじ 1
- 白炒りごま　適宜

（水・醤油・砂糖・酒）A→合わせておく

◆煮物は冷めるときに味がしみ込んで、おいしくなります。時間があれば、そのまま少しおいて、味を含ませるのがよいでしょう。

〈作り方〉

❶ 鍋にごま油と赤唐辛子を入れて強火にかけ、ごぼうを炒める。人参も加えて、さらに炒める。

❷ Aを加え、汁気をとばすように炒り煮にする。汁気がほとんどなくなったら火を止め、少しおいて味をなじませる。

❸ 器に盛り付け、白炒りごまをひねりながらかける。

◆ごまの消化

ごまは硬い皮におおわれており、ふりかけただけでは消化されず、栄養も吸収されません。すりごまか切りごまが効果的です。そのまま使うときは、炒りごまをひねることで、皮を破くようにしましょう。

◆◆◇

ひじきの五目煮

食物繊維が豊富でバランスのよい常備菜

〈材料〉

- ひじき（乾燥） 10g →たっぷりの水につけて戻す
- 人参　1/8 本（25g）→小さめのいちょう切り
- れんこん　15g →小さめのいちょう切り
- 油揚げ　1/2 枚→細切り
- こんにゃく　1/8 枚→下ゆでしてから短冊切り
- 大豆ドライパック　30g
- だし（→ 13 ページ）　100mℓ
- 油　大さじ 1/2

〈合わせ調味料〉→だしと合わせておく

- 醤油　大さじ 1
- みりん　大さじ 1/2
- 砂糖　小さじ 1

〈作り方〉

❶ ひじきはさっと洗って水気をきり、食べやすい長さに切る。

❷ 鍋に油を熱し、ひじき、人参、れんこんを入れて、中火で炒める。

❸ 残った具材も入れて炒め、油が全体になじんだら、合わせ調味料を加えて煮る。

調味料は油が全体になじんでから入れます

❹ 煮立ったら弱火にして、水分がほとんどなくなるまで煮る。

火を止めてから少しおいて、味を含ませましょう

◆油揚げの油抜きは必要？

鮮度のよい安心な油が使われていれば、キッチンペーパーで軽く押さえて、余分な油を取るだけで十分です。調理中気になったら、浮いた油を除いてください。使う前に油臭さを感じるときや、味をよくしみ込ませたいときは、熱湯をかけて油抜きをします。

〈ドライパックを上手に取り入れて〉

野菜や豆などを水で煮ないで、高真空状態で蒸し上げたのがドライパック。うま味や栄養が水に流れ出ず、歯ごたえもよく、手軽に使えます。缶詰ですから保管もできます。使い切れない分は、密閉容器に入れて冷蔵庫で保存し、なるべく早く使い切りましょう。

◆◆◇

ラタトゥイユ

夏野菜を蒸し煮でたっぷり、冷やしてもおいしい

〈材料〉

- なす　1/2本→
- 玉ねぎ　1/3個(80g)
- ズッキーニ　1/3本
- ピーマン　1/2個
- パプリカ(黄)　1/4個
- トマト(大)　1個

→2cm角に切る

- にんにく　1/2かけ→みじん切り
- 白ワイン　大さじ1½
- ローリエ　1枚
- 塩　小さじ1/3
- こしょう　少々
- オリーブオイル　大さじ1

〈作り方〉

❶ 鍋にオリーブオイルとにんにくを入れて火にかけ、香りが出たら、玉ねぎを入れ、透き通るまで炒める。

❷ 残りの野菜を加え、中火でよく炒め、油が全体になじんだら、白ワイン、ローリエを入れて蓋をする。

❸ 野菜が軟らかくなるまで中火から弱火で煮込み、塩・こしょうで味を調える。

❶

火をつける前にオリーブオイルとにんにくを鍋に

❶

焦がさないように、香りが出るまで炒めます

❷

油が全体に回るように炒めます

〈オリーブオイル選びのポイント〉

「エキストラバージンオイル」は、一切化学的処理を行わず、オリーブの果実を搾ってろ過したバージンオリーブオイルのうち、とくに食味と香りに優れたものです。一方、「(ピュア) オリーブオイル」は、溶剤抽出など化学的に精製したオリーブオイルとバージンオリーブオイルを混ぜたものです。風味を楽しむ料理には、エキストラバージンオイルをおすすめします。

◆トマトは完熟のものを選びましょう。水煮缶を利用してもかまいません。

〈旬の野菜を食べましょう〉

旬の野菜には、本来のおいしさと栄養がたっぷり詰まっています。農薬の使用も少なく、価格も安いので、ぜひたくさんいただきましょう。

◆◆◇

ポテトサラダ

野菜の水気をしっかりきって仕上げましょう

〈材料〉

- じゃがいも　1個（150g）→皮をむき、大きめの一口大に切る
- 人参（小）　30g →薄くいちょう切り
- きゅうり　1/2 本→薄い輪切り
  塩　少々
- 玉ねぎ（小）　1/8 個（15g）→縦に薄切りして水にさらす
- レタス　適宜
- マヨネーズ　大さじ2

〈A〉→よく混ぜておく

- 油　大さじ 1/2
- レモン汁　小さじ1弱（酢小さじ 1/2 でもよい）
- 塩・こしょう　各少々

〈作り方〉

❶ きゅうりは塩もみしてからさっと水洗いし、水気をしっかりしぼる。玉ねぎも水気をしっかりきっておく。

❷ じゃがいもはひたひたの水に入れて火にかけ、ゆでる。人参はじゃがいもが軟らかくなってきたところに入れて1分ゆでる。湯を捨て、鍋をゆすりながら水気をとばして火を止める。

❸ ❷をボウルに移し、熱いうちにAを入れて、じゃがいもを少しつぶしながら和える。

❹ 冷めたらきゅうりと玉ねぎを加え、マヨネーズで和える。

〈マヨネーズ選びのポイント〉

カロリーカットのマヨネーズ風がたくさん出回っていますが、カロリーの少ないものほど、食品添加物が多く使われています。本物のマヨネーズを少量使いましょう。

◆◇◇

コールスロー

イチゴを加えて彩りよく、甘ずっぱさも魅力

〈材料〉
- キャベツ　3枚→芯を取り、細かくきざんで冷水にさっとつけ、水気をきる
- イチゴ　4個→冷水で洗い、せん切り
- クレソン　1/4束→2～3cmに切る

〈ドレッシング〉→合わせておく
- マヨネーズ　大さじ1½
- マスタード　小さじ1/4
- ワインビネガー　小さじ1/2
- レモン汁　小さじ1/2
- 塩　小さじ1/4
- こしょう　少々
- オリーブオイル　大さじ1/2

◆コールスローは、オランダ語が語源で、細かく切ったキャベツのサラダの意味です。人参やコーンを加えてもよいでしょう。イチゴの代わりにリンゴや柑橘類を使っても、おいしくできます。

〈作り方〉
❶ 水気をきったキャベツ、イチゴをドレッシングで和える。
❷ 器に❶を盛り付け、クレソンを飾る。

〈ドレッシング作りのポイント〉
ボウルに酢(米酢、りんご酢、ビネガーなど)と塩・こしょうや好みの香辛料を入れ、よく混ぜてから、最後に油(菜種油・ごま油・オリーブオイルなど)を少しずつ混ぜながら加えます。一度に入れると分離して混ざりにくいので、注意してください。酢と油が乳化するまで(少し白くにごるのが目安)しっかり混ぜましょう。一般的なフレンチドレッシングでは、酢1：油2の割合が乳化しやすいと言われています。余分に作って空き瓶に入れ、冷蔵庫に保存すれば、いつでも使えて便利です。

◆◇◇

ビーンズサラダ

不足しがちな豆をサラダで手軽にたっぷりと

〈材料〉

- ミックスビーンズ　100g →さっと熱湯に通す
- 玉ねぎ　1/4 個(50g)→半分はみじん切り、半分はすりおろす
- 水菜　1/2 株(40g)→ 2 cm に切る

〈A〉→合わせておく

- 酢　大さじ 1
- はちみつ　小さじ 1/2
- 塩　小さじ 1/4
- こしょう　少々
- オリーブオイル　大さじ 1½

〈作り方〉

1. A とすりおろした玉ねぎでドレッシングを作る。
2. ミックスビーンズ、玉ねぎのみじん切りと水菜を混ぜ合わせ、❶で和える。

◆◇◇

ナムル

風味がよく、野菜をたくさんいただけます

〈材料〉

- 小松菜　80g→ゆでて3cmに切る
- 人参　1/4本(50g)→3cm長さのせん切りにして、塩をふっておく
  塩　少々
- もやし　80g→根を取って、さっとゆでる
- 白すりごま　大さじ1/2

〈A〉→合わせておく

- にんにく　小さじ1/2→すりおろす
- 醤油　小さじ1
- 塩　小さじ1/4
- ごま油　大さじ1

〈作り方〉

1. 野菜はすべてしっかり水気をしぼる。
2. Aの1/3ずつでそれぞれの野菜を和え、最後にすりごまを加える。

◆野菜を混ぜ合わせて全体を和えてもよいです。

◆◆◇

春雨サラダ

中華サラダならではの組み合わせを楽しんで

〈材料〉
- 緑豆春雨（乾燥）　25g
- きゅうり　1/2 本→せん切り
- ハム　２枚→せん切り
- 人参　30g →せん切り
- トマト　1/2 個→薄切り

〈中華ドレッシング〉→合わせておく
- 醤油　大さじ 1
- 酢　大さじ 1
- 砂糖　大さじ 1/2
- ごま油　大さじ 1
- 辛味オイル　小さじ 1/2

〈作り方〉
❶ たっぷりのお湯で春雨を戻し、ザルにあげて水で洗い、水気をきって食べやすく切る。
❷ ボウルの中で、❶ときゅうり、ハム、人参を混ぜ合わせ、中華ドレッシングで和える。
❸ 器にトマトを並べ、中央に❷を盛り付ける。

〈ハム選びのポイント〉
大豆たんぱくで増量し、たんぱく加水分解物でうま味を加え、色やつやをよくし保存性を高めるために食品添加物を多用したハムもあります。値段につられずに表示をよく見て選びましょう。できれば、原料の豚肉についても確認しましょう。

◆◇◇

中華ピクルス

サラダ感覚ですぐに食べても、たくさん作って保存しても

〈材料〉

- セロリ　1/3 本(30g)→筋を取り、5 cm 長さ、1 cm 幅に切る
- パプリカ(赤・黄)　各 1/4 個(30g)→長さを半分にし、1 cm 幅に切る
- れんこん(小)　1/5 節(30g)→ 5 cm 長さ、1 cm 幅に切る
- 大根　1.5cm(約 50g)→ 5 cm 長さの短冊切りにし、塩もみする
  塩　少々

〈漬け汁〉

- 水　80mℓ
- 酢　大さじ 2
- 酒　大さじ 1
- 砂糖　小さじ 2
- ごま油　小さじ 2
- 塩　少々
- 赤唐辛子　1/2 本(種を取る)

〈作り方〉

❶ 小鍋に漬け汁の材料を入れ、沸騰したら火を止める。

❷ 鍋に湯をわかし、れんこんは 1 分、セロリとパプリカは 20 秒ほどゆでる。

❸ 野菜の水気をふき取り、漬け汁に漬ける。

◆最低 30 分漬ければ食べられます。

菜の花のおひたし

手軽なおひたしで毎日野菜を

〈材料〉
- 菜の花　200g

〈だし割り醤油〉→合わせておく
- だし（→ 13 ページ）　大さじ 1
- 醤油　小さじ 1
- 白炒りごま　少々

〈作り方〉
1. 菜の花は切り口を 5 mm〜 1 cm 切り落とし、たっぷりの熱湯に茎のほうから入れて色よくゆで、冷水にとる。
2. ❶の水気をしぼり、3〜4 cm に切って、もう一度水気をしぼる。半量のだし割り醤油をかけ、軽くしぼって器に盛る。
3. 残りのだし割り醤油をかけ、白炒りごまを指でひねりながらかける。

いんげんのごま和え

ごまをすった香りもごちそうです

〈材料〉
- いんげん　50g →筋を取る
  塩　少々
- 炒りごま（白ごまでも黒ごまでもよい）　10g
- 醤油　小さじ 1
- 砂糖　小さじ 1/2
- みりん　小さじ 1/2

〈作り方〉
1. 鍋に湯をわかし、塩を入れてからいんげんを色よく（1〜2分ほど）ゆで、ザルにあげ水気をきり、食べやすい大きさに切る。
2. 炒りごまをすり鉢でよくすり、醤油、砂糖、みりんを入れて、よく混ぜる。
3. いんげんを入れて、よく和える。

◆◇◇

かぶの酢の物

かぶの葉と柿を加えて彩りよく

〈材料〉

- かぶ（中） 2個（180g）→皮をむき、縦半分に切って 5mm 厚さの薄切り
- かぶの若葉　数本→1cm に切る
- 塩　少々
- 柿　1/4 個→皮をむいて種を取り、薄切り

〈A〉

- 酢　大さじ1
- 砂糖　大さじ 1/2
- 塩　ひとつまみ

〈作り方〉

❶ ボウルにかぶと葉を入れて塩をまぶし、しばらく置く。水気が出たら、さっと洗って、しっかりしぼる。

❷ ボウルに A をよく混ぜ合わせ、❶と柿を入れて和える。

◆◇◇

きゅうりとわかめの酢の物

たこも入れてボリュームアップ

〈材料〉

- きゅうり　1/2 本→小口切り
- わかめ　5g →塩抜きし、湯通しして水にとる
- ゆでたこ　60g → 5mm 厚さに切る
- 生姜　1/2 かけ→せん切り

〈合わせ酢〉→合わせておく

- 酢　大さじ1
- 砂糖　大さじ 1/2
- 醤油　小さじ1
- 塩　少々

〈作り方〉

❶ きゅうりは塩もみし（分量外）、水気をきる。わかめは食べやすい大きさに切る。

❷ ❶と、たこ、生姜を合わせ酢で和える。

スペイン風オムレツ

じゃがいもがホクホク、ボリュームたっぷり

〈材料〉

- 卵　3個
- じゃがいも　1/2個(75g)→皮をむいて5mm厚さの半月切りにし、水にさらす
- にんにく　1/4かけ→みじん切り
- 玉ねぎ　1/4個(50g)→薄切り
- カラーピーマン(赤)　1/4個→あらみじん切り
- 粉チーズ　大さじ2
- パセリみじん切り　大さじ1
- 塩・こしょう　各少々
- オリーブオイル　小さじ1(野菜類炒め用)、小さじ1(卵焼き用)
- バター　10g

〈作り方〉

❶ じゃがいもはザルにあげて水気をきる。

❷ フライパンにオリーブオイルを熱し、じゃがいもとにんにくを炒め、蓋をして弱火で蒸し焼きにする。

❸ じゃがいもが軟らかくなったら、玉ねぎと赤ピーマンも加え、しんなりするまで中火で炒める。塩・こしょうをして取り出し、冷ましておく。

❹ 卵を溶きほぐした中に❸を入れ、粉チーズとパセリを加えて、塩・こしょうをする。

❺ フライパンにオリーブオイルとバターを熱し、❹を流し入れる。全体を1～2回大きくかき混ぜてから火を弱め、蓋をして3～4分蒸し焼きする。

❻ 引っくり返し、再び蓋をして中まで火を通す。

◆◇◇

ニラ玉

手軽で栄養バランスのよい、ご飯に合うおかず

〈材料〉

- 卵　2個→溶いてAを混ぜておく
- 酒　大さじ1/2（A）
- 醤油　小さじ1/2（A）
- 塩　少々（A）
- ニラ　1/2束（50g）→3cmに切る
- きくらげ（乾燥）　3g（戻しておく）
- 塩・こしょう　各少々
- 油　小さじ1＋小さじ2

〈作り方〉

❶ フライパンを熱し、油小さじ1を入れ、ニラ、きくらげを中火で炒める。しんなりしたら、塩・こしょうをして取り出す。

❷ ❶のフライパンに油小さじ2を加え、卵を一気に入れ、大きく混ぜて半熟くらいになったら、❶を戻し入れて手早く炒め合わせる。

◆◆◇

茶碗蒸し

だしの風味と滑らかな卵の食感が格別

〈材料〉

- だし(→ 13 ページ)　200mℓ
  塩　少々
  薄口醤油　小さじ 1/4
- 卵　１個→泡が立たないように溶きほぐす
- 鶏ささみ　１本→筋を取って４つにそぎ切りし、酒をふりかけておく
  酒　小さじ 1/2
- かまぼこ　２枚→半分にして５mm くらいの薄切り
- しめじ　1/4 パック(25g)→石づきを取り、小房に分ける
- 三つ葉　２本→１～２cm に切る

〈作り方〉

❶ 一番だしをとり(→ 13 ページ)、塩と薄口醤油で調味して冷ましておく。

❷ ❶に卵を入れてよく混ぜ、ザルでこす。

❸ 耐熱性のそばちょこなどに鶏ささみ、かまぼこ、しめじを入れた上から、❷を注ぐ。

❹ 浮いた泡を取り、蒸気の上がった蒸し器に入れて７～８分蒸す。

❺ 竹串をさしてみて、澄んだ汁が出たら、三つ葉をのせて火を止める。

〈卵選びと保存のポイント〉

表示の義務はありませんが、どんなエサで、どんな育て方をした鶏かが、卵の決め手になります。心配のないエサで、健康的に育てられた鶏の卵を食べたいですね。お店で尋ねてみてください。

市販の卵はほとんど殻を洗ってありますが、殻の外側で細菌の侵入を防ぎ、鮮度を護っているクチクラ層を壊さないため、家庭で保存する際は、洗う必要はありません。また、丸いほうを上にして保存します(細菌の付着を防ぐため)。なお、異臭がしないかぎり、加熱すれば食べることができます。

◆◆◇

厚焼き玉子

朝食にもお弁当にも大活躍

〈材料〉

- 卵　2個
- だし(→13ページ)　大さじ1
- 砂糖　大さじ1/2
- 塩　少々
- 醤油　少々
- 油　適宜

〈作り方〉

❶ 卵を割りほぐし、だしと調味料すべてを混ぜる。

❷ 玉子焼き器に油を入れて熱し、余分な油をふき取ってから卵液の1/4を流して均等に広げ、周囲がかわいて半熟状になったら菜箸で巻く。再び油をなじませ、これを繰り返す。

❸ 焼きあがったら巻きすで巻き、粗熱が取れるまでおいて、切り分ける。

このように手前に巻いても、逆に手前から向こう側に巻いても、やりやすいほうで

焼いた卵の下にも卵液を入れるように流します

変わり冷奴

いつもの冷奴を
3種のバリエーションで

チーズ

- 豆腐　1/2丁
- プロセスチーズ　20g→5mm角に切る
- かつお節（細けずり）適量
- 醤油　小さじ1
- おろしわさび　小さじ1/3

〈作り方〉

❶ 豆腐の上にチーズとかつお節をのせて、わさび醤油をかける。

干し桜えび

- 豆腐　1/2丁
- 干し桜えび　適量→軽く炒っておく
- 長ねぎ　5cm→みじん切り
- 塩　小さじ1/4
- ごま油　小さじ1½

（長ねぎ・塩・ごま油：A→合わせておく）

〈作り方〉

❶ Aと干し桜えびを豆腐にのせる。

くずし冷奴

- 豆腐　1/2丁
- 味付けザーサイ　15g→みじん切り
- みょうが　1/2本→みじん切り
- 香菜　1/2株→小口切り
- ピーナッツ　5g→細かく砕く
- ごま油　小さじ1
- 醤油　小さじ1/2

（味付けザーサイ〜醤油：A→合わせておく）

〈作り方〉

❶ Aを豆腐の上にかけ、くずして混ぜながらいただく。

◆◆◇

白和え

具材は季節によっていろいろ楽しめます

〈材料〉

● 春菊　100g →さっとゆで 3 cm に切る
● しめじ　1/3 パック（約 30g）→石づきを取り、さっとゆでる
● 薄口醤油（下味用）　小さじ 1/2

〈和え衣〉

● 木綿豆腐　1/4 丁（75g）→水きりしておく
● 白炒りごま　大さじ 1
● みりん　小さじ 1
● 薄口醤油　小さじ 1/2
● 砂糖　小さじ 1/2
● 塩　少々

〈作り方〉

❶ 春菊としめじはしっかり水気をしぼり、薄口醤油をふりかけておく。
❷ 和え衣を作る。炒りごまをすり鉢でしっかりすったところに他の調味料を入れて混ぜ合わせ、豆腐をくずしながら入れて、なめらかになるまで混ぜる。

❸ ❶の水気をもう一度しぼりながら、❷に加えて和える。

◆ほうれん草、人参、菜の花、ブロッコリー、れんこんなどに、こんにゃくやさっとあぶった油揚げを加えても、おいしくいただけます。
◆ごま和えや白和えなどでは、できるだけ炒りごまをすりましょう。風味が格段に違います。時間がないときは、すりごまを炒りごまの半量で使ってください。

◆◆◇

揚げ出し豆腐

揚げ立てをおいしいだしでいただきましょう

〈材料〉

- 木綿豆腐　1/2 丁
- 片栗粉　適量
- 揚げ油　適量
- 大根おろし　適量
- おろし生姜　適量
- だし（→ 13 ページ）　100mℓ
- 醤油　大さじ 1
- みりん　大さじ 1

〈作り方〉

❶ 豆腐はキッチンペーパーに包んで 1 時間以上おいて水きりし、半分に切る。

❷ ❶に片栗粉をつけ、余分な粉をはたいてすぐに 170℃に熱した油で 2 ～ 3 分、色よく揚げる。

❸ 鍋にだし、醤油、みりんを入れ、ひと煮立ちさせて❷にかけ、大根おろしとおろし生姜を添える。

〈豆腐選びのポイント〉

国産大豆と天然にがりを使った消泡剤不使用の豆腐を選びましょう。凝固剤によっては薄い豆乳でも固まりますが、天然にがりの場合は大豆がたっぷり使われています。「粗製海水塩化マグネシウム」「塩化マグネシウム含有物」と表示されるのが、天然のにがり。「にがり（塩化マグネシウム）」は精製されたものです。また、日持ちのよい充填豆腐は、豆乳と凝固剤を入れ、パックしてから加熱して固めたもの。昔ながらの豆腐とは味も食感も少し違います。

小松菜と油揚げの煮びたし

だしをたっぷり吸った油揚げは誰もがほっとする味

〈材料〉

- 小松菜　100g
- 油揚げ　1枚
- だし（→13ページ）　200mℓ
- 薄口醤油　大さじ1
- 酒　大さじ1
- みりん　小さじ1

〈作り方〉

❶ 油揚げは短い辺を半分にし、2cm幅に切る。

❷ 小松菜は根元を切り落とし、3cmに切って葉と茎に分けておく。

❸ 鍋にだしを煮立たせ、調味料と❶、❷の茎を入れて中火で2～3分煮る。茎に火が通ったら葉も加え、さっと煮て火を止める。

◆◇◇

スンドゥブチゲ

からだがポカポカ温まる豆腐のチゲ

〈材料〉

- 寄せ豆腐　2/3丁(200g)→手でちぎる
- 白菜キムチ　100g→軽くしぼり、4cmに切る
- 豚バラ薄切り肉　80g→4cmに切る
- あさり(冷凍)　100g→よく洗っておく
- 長ねぎ　1本→斜め切り
- 生椎茸　2枚→3つにそぎ切りする
- ごま油　小さじ1
- 煮干しだし(→13ページ)　300mℓ
- 酒　小さじ2 ┐
- 醤油　大さじ1/2 ├ A
- 白すりごま　小さじ1 ┘
- 一味唐辛子(お好みで)

〈作り方〉

❶ 土鍋にごま油を熱し、豚肉、白菜キムチを弱火で炒める。

❷ 豚肉の色が変わったら煮干しだしとAを入れ、長ねぎ、椎茸を加える。

❸ 温まったら豆腐、あさりを入れて、あさりの口が開くまで蓋をして中火で煮る。

◆◆◇

麻婆《マーボー》豆腐

中華の定番料理をわが家の味で

〈材料〉

- 木綿豆腐　1/2 丁（150g）→キッチンペーパーに包んで水きりしておく
- 豚ひき肉　100g
- 長ねぎ　8cm →みじん切り
- 生姜　1/2 かけ→みじん切り
- にんにく　1/2 かけ→みじん切り
- 豆板醤　小さじ 1/2
- 甜麺醤　大さじ 1/2
- 酒　大さじ 1½
- 醤油　小さじ 2
- 鶏がらスープ　200㎖

（酒・醤油・鶏がらスープ）A →合わせておく

- 油　小さじ 1
- 水溶き片栗粉→片栗粉大さじ 1 を同量の水で溶いておく
- ごま油　小さじ 1

〈作り方〉

❶ 豆腐は厚さを半分にして、1.5cm 角のサイコロ状に切る。

❷ 中華鍋を熱し、油を入れ、強火でひき肉を炒める。色が変わったら端に寄せ、生姜、にんにくを炒める。

❸ 豆板醤を入れて炒め、次に甜麺醤を加えて炒め、A を加えてよく混ぜる。

❹ ❶を入れ、煮立ったら中火にして 1 分ほど煮る。

❺ 仕上げに水溶き片栗粉を少しずつ加えてほどよいとろみをつけ、長ねぎを入れて火を止め、ごま油を回し入れる。

❷

ひき肉を寄せて、生姜、にんにくを炒めます

❸

豆板醤と甜麺醤も炒めてから混ぜます

❺

水溶き片栗粉は全体に回し入れます

◆◆◇

親子丼

肉の弾力とふんわりとろりの卵が決め手

〈材料〉

- 鶏モモ肉　150g →一口大のそぎ切り
  醤油　小さじ 1/2
  酒　小さじ 1/2
- 玉ねぎ　1/2 個（100g）→縦半分に切ってから薄切り
- 卵　２個→軽くほぐすように溶く
- 三つ葉　4～5本→２cm に切る
- だし（→ 13 ページ）　100㎖
- ご飯　２人分

〈合わせ調味料〉→だし汁と合わせておく

- 醤油　大さじ１
- 砂糖　大さじ 1/2
- みりん　大さじ 1/2

〈鶏肉選びのポイント〉

安いブラジル産から高い地鶏まで、多くの種類の鶏肉が売られていますが、ほとんどはブロイラーと呼ばれる肉用若鶏です。国産鶏の血が 50％以上入っているものが地鶏で、比率は１％程度。平飼いでたっぷり運動して育っているため、肉に弾力性や歯応えがあります。

一般のブロイラーは、地鶏より 30 日近く飼育期間が短く、坪あたり 70 羽と密飼いのケースもあります。国産でもヒナは二代前に輸入されていて、水分が多く軟らかいのが特徴です。また、飼育方法や日数などに工夫をしたブロイラーが、銘柄鶏として全国各地で飼育されています。

一般にモモ肉やムネ肉など部位別に販売されており、日本人は断然モモ肉を好みます。これはモモ肉のほうが脂肪があり、ジューシーだから。地鶏の場合もムネ肉のほうが売れないので、価格が安くなります。モモ肉もムネ肉もバランスよく利用しませんか。

〈作り方〉

❶ 鶏肉に醤油と酒をまぶして下味をつける。

❷ 鍋に合わせ調味料を入れて中火にかけ、煮立ってきたら玉ねぎと鶏肉を入れる。

❸ 蓋をして鶏肉に火が通るまで２～３分煮て、卵を鍋の中心から外側へ円を描くように回し入れる。

❹ 卵の周囲が固まりかけてきたら、火を止め、三つ葉を散らして再び蓋をし、30 秒蒸らす。

❺ 丼にご飯をよそい、❹をのせる。

◆◆◇

まぐろの漬け丼

たれを覚えて刺身のうま味をアップ

〈材料〉
- 米　1.5 合
- 水　270㎖
- 昆布　 5 cm
- まぐろ（刺身用） 200g → 1.5cm 角に切る
- みょうが　 1 個→せん切り
- 大葉　 3 枚→せん切り
- 細ねぎ　 1 本→小口切り
- わさび　適宜

〈すし飯用合わせ酢〉→合わせておく
- 酢　大さじ 2
- 砂糖　 大さじ 1
- 塩　小さじ 1/2

〈漬け汁〉→合わせておく
- 醤油　大さじ 2
- みりん　大さじ 1

〈作り方〉

❶ 米は少なめの水加減（米と同量）とし、ぬらして固くしぼったふきんでふいた昆布を入れて、硬めに炊く。

❷ すし飯を作る。炊きあげたご飯を飯台またはボウルに移し、合わせ酢を加えて、まんべんなく切るようにして混ぜ、冷ましておく。

❸ まぐろを漬け汁に 15 分ほど漬ける。

❹ 器にすし飯を盛り、❸、みょうが、大葉、細ねぎ、わさびを盛り付ける。

◆◆◇

いなりずし

甘辛い油揚げとすし飯はシンプルベストな組み合わせ

〈材料〉

- 油揚げ(小ぶりのもの)　6枚
- 米　1.5合
- 水　270mℓ
- 昆布　5cm
- 白炒りごま　適量
- ちりめんじゃこ　5g
- 大葉　2枚→みじん切り
- だし(→13ページ)　400mℓ ┐
- 砂糖　大さじ3 ├ A
- 醤油　大さじ2½ │
- 酒　大さじ1 ┘

〈すし飯用合わせ酢〉→合わせておく

- 酢　大さじ2
- 砂糖　大さじ1
- 塩　小さじ1/2

〈作り方〉

❶ 油揚げの上で菜箸を転がしてから、長い辺を半分に切り、袋状に開く。熱湯をかけ油抜きして、冷めたら水気をしぼる。

❷ 鍋にAを入れ一煮立ちさせたら❶を加え、落とし蓋をして、中火で汁がほとんどなくなるまで煮る。途中穴をあけないように、裏返す。煮あがったら形を整えて、冷ましておく。

❸ すし飯を作る。半量にはごまを混ぜ、6等分に軽く握っておく。残りには、白炒りごま、ちりめんじゃこと大葉を混ぜ、6等分にして軽く握っておく。

❹ ❷の汁気を軽くしぼり、6枚は❸の白ごま入りすし飯を詰めて整える。残りの6枚は半分中側に折り込んでから、ちりめんじゃこ入りのすし飯を入れる。

◆◇◇

五目炊き込みご飯

味の出る具材を切って炊き込むだけ

〈材料〉

- 米　1.5 合
- だし（→ 13 ページ、水でもよい）　270mℓ
- 醤油　大さじ 1
- 酒　大さじ 1
- 塩　少々
- 鶏モモ肉　80g → 1.5cm 角に切る
- 油揚げ　1/3 枚→小さく切る
- 人参　30g →小さく薄切り
- 生椎茸　1 枚→小さく薄切り
- ごぼう　3 cm →ささがき
- 絹さや　4 枚→筋を取り、下ゆでして、斜め切り

〈作り方〉

❶ 米はといで炊飯器に入れ、水と調味料を混ぜ合わせて加える。鶏肉、油揚げ、人参、生椎茸、ごぼうを入れて炊飯する。

❷ 炊きあがったら、底からさっくりと混ぜ、器に盛り、絹さやを散らす。

◆◇◇

人参ピラフ

炊飯器でできる、きれいでカロチンたっぷりのピラフ

〈材料〉

- 米　1.5 合→手早く洗って、ザルにあげておく
- 人参　1/2 本（100g）→ 1/3 はすりおろし、残りは細かくみじん切り
- バター　10g

〈スープ〉（水 150mℓで溶いておく）

洋風スープの素　1/2 袋
塩・こしょう　各少々

〈作り方〉

1. 炊飯器に米、すりおろした人参、スープ、バターを入れて、よく混ぜる。
2. 炊飯器の目盛まで水を足し、みじん切りした人参を加え、さっと混ぜて炊飯する。

◆◆◇

炒飯

家庭でプロ並みのパラッとチャーハン

〈材料〉

- ご飯　２人分
- 卵　１個→よく溶いておく
  塩　小さじ 1/4
- エビ　６尾→塩（分量外）をもみ込んでから水で洗い、殻をむいておく
  塩・酒　各少々
- 長ねぎ　1/3 本→みじん切り
- 塩　小さじ 1/2
  こしょう・醤油　各少々
- 油　小さじ１＋大さじ１

〈作り方〉

❶ エビは背わたを取ってそぎ切りにし、塩と酒で下味をつける。

❷ エビを油小さじ１で炒め、取り出しておく。

❸ 油大さじ１を入れ、強火にかける。卵を流し入れ、ひと混ぜしたら、ご飯と長ねぎを加える。手早く卵とご飯を混ぜ合わせながら、ほぐすように炒める。

❹ 塩・こしょうで味を調え、❶を入れ、フライパンのふちから醤油を回しかけて仕上げる。

❸

卵とご飯を手早くほぐすように混ぜ合わせるのが、パラッと仕上げるコツ

〈米選びのポイント〉

パンや麺など主食の多様化もあり、日本人の米の消費量は年々少なくなっています。でも、100g あたりのカロリー、脂質、塩分がパンよりずっと少ないご飯は、健康につながるし、必須アミノ酸も含まれています。日本中でたくさんの品種が作られ、それぞれに特徴があるので、好きな銘柄を見つけておくとよいですね。

精米した米は生鮮食品と同じですから、１カ月以内に食べ切れる量を購入しましょう。また、玄米を購入し、家庭で精米すれば、いつでもおいしいご飯が食べられます。誰でも利用できるコイン精米機も増えているようです。五分づき米、七分づき米など、好みの「分づき米」にしてもいいと思います。炊いたご飯が余ったら、温かいうちに平らにしてラップに包むか、密閉容器に入れ、冷めてから冷凍しておきましょう。

お米をたくさん食べて、日本の農業を守りたいものです。

◆◆◇

チキンカレー

わが家の自慢のカレーを作りましょう

〈材料〉

- ご飯　2人分
- 鶏骨付きぶつ切り（手羽元でもよい）300g →Aをよくもみ込み、下味をつけておく
  - 塩　小さじ1 } A
  - カレーパウダー　小さじ1 } A
- 小麦粉　大さじ1
- 玉ねぎ　1½個（300g）→みじん切り
- ホールトマト缶　150g
- 生姜・にんにく　各1かけ→すりおろす
- カレーパウダー　大さじ2
- クミンシード　小さじ1/4
- 水　500㎖
- ウスターソース　小さじ1
- トマトケチャップ　小さじ1
- 塩　小さじ1/2
- こしょう　適宜
- 油　大さじ1½

〈作り方〉

❶ 鍋に油を熱し、玉ねぎ、生姜、にんにくをきつね色になるまで、弱火でよく炒める。

❷ カレーパウダー、クミンシードを入れ、焦がさないように香りを出し、ホールトマト缶を汁ごと入れて、さらに炒める。水を加えて、煮立たせる。

❸ 鶏肉に小麦粉をまぶして、フライパンで炒める。

❹ ❷に❸を入れて、アクを取りながら中火で30分ほど煮込む。ウスターソース、トマトケチャップ、塩、こしょうで味を調える。

◆◆◇

サーモンとほうれん草のクリームパスタ

人気のクリーム系でおうちランチ

〈材料〉

- パスタ（生タリアッテレなど平たい麺）
  160g
  塩　適宜
- 生鮭（大）　1切れ→皮を取って一口大に切り、塩・こしょうをふる
  塩・こしょう　各少々
- 小麦粉　大さじ1
- ほうれん草　1/3束→下ゆでし、冷水にとってしっかり水気をしぼり、3cmに切る
- マッシュルーム　6個→薄切り
- 白ワイン　大さじ2
- 生クリーム　150cc
- オリーブオイル　大さじ2
- バター　大さじ1
- 塩・こしょう　適量
- パルメザンチーズ　適量

〈作り方〉

❶ パスタは表示にしたがってゆでる。

❷ ゆでている間にソースを作る。鮭の水気をふき、小麦粉をまぶす。フライパンにオリーブオイルを熱し、鮭を入れて中火で両面を焼き、いったん取り出しておく。

❸ バターを足してマッシュルームを炒め、白ワインと生クリームを入れ一煮立ちしたら、鮭とほうれん草を加えて混ぜ合わせる。

❹ ゆであがったパスタを❸に入れて和え、塩・こしょうで味を調え、パルメザンチーズをふる。

◆◆◇

スパゲッティミートソース

手作りミートソースを味わって

〈材料〉

- スパゲッティ（1.6mm）　150g
  塩　適宜
- 牛ひき肉　200g
- 玉ねぎ　1/2個（100g）→みじん切り
- 人参　1/4本（50g）→みじん切り
- にんにく　1/2かけ→みじん切り
- ホールトマト缶　250g
- ナツメグ　少々
- ローリエ　1枚
- 塩　小さじ1/2
- こしょう　少々
- トマトケチャップ　大さじ1
- オリーブオイル　小さじ2
- パルメザンチーズ　適量

〈作り方〉

❶ オリーブオイルでにんにくをゆっくり炒めて香りを出し、玉ねぎ、人参を加えて、中火で炒める。

❷ ひき肉を加えてしっかり炒め、ホールトマト缶を汁ごと入れ、ナツメグとローリエも入れて水分が少なくなるまで煮込み、塩、こしょう、トマトケチャップを加えて味を調える。

❸ スパゲッティを表示にしたがってゆで、器に盛り、❷をかけてパルメザンチーズをふる。

〈ミートソースの応用〉

市販のパスタソースには、かなりの食品添加物が使われています。ミートソースを余分に作って、冷凍保存しておきませんか。器に入れた残りご飯や季節の野菜にかけ、チーズものせてオーブントースターで焼く、ピザトースト風にパンにのせる、オムレツに入れる……使いみちはいろいろあります。

〈パスタ選びのポイント〉

　パスタには500種類もあるそうです。太さがさまざまなスパゲッティ、きしめんタイプのフェットチーネ、タリアテッレなどはロングパスタ。ショートパスタには、マカロニ、ペンネはじめ、いろいろな形があります。

　乾燥パスタは保存できるので、いつでも使えて便利。生パスタには乾麺にないもちっとした食感と小麦の香ばしさがあり、ソースもからみやすいのですが、冷蔵保存が必要で、保存期間も短いので、上手に使いましょう。

◆◆◆

あんかけ焼きそば

パリパリ麺とトロッとしたあんが絶妙

〈材料〉

- 焼きそば麺　2玉→軽くほぐし、醤油と油をまぶしておく
  醤油　小さじ1
  油　小さじ1

- 豚小間切れ肉　50g→食べやすい大きさに切り、下味をつける
  醤油・酒　各小さじ1/2
- 白菜　150g→縦半分に切って、一口大にそぎ切り
- 人参　1/4本(50g)→3cm長さの短冊切り
- 絹さや　6枚
- 干し椎茸　2枚→戻してそぎ切り
- 鶏がらスープ　250mℓ
- 醤油　小さじ2
- オイスターソース　小さじ1
- 酒　小さじ2

（鶏がらスープ〜酒：A→合わせておく）

- 塩・こしょう　各少々
- 油　小さじ1(麺焼き用)、大さじ1/2(炒め用)
- 水溶き片栗粉→片栗粉大さじ1を同量の水で溶いておく
- ごま油　小さじ1

〈作り方〉

❶ フライパンに油小さじ1を熱し、焼きそば麺を広げ、上から押さえながら、焼き色がついてパリパリするくらいまで焼く。同様に裏側も焼き、皿に盛り付ける。

❷ 中華鍋に油大さじ1/2を熱し、豚肉を炒める。色が変わったら、白菜(白い部分)、人参、白菜(葉)、絹さや、干し椎茸の順に加えて炒める。

❸ Aを注ぎ、塩・こしょうで味を調える。水溶き片栗粉でとろみをつけ、ごま油を回しかけて火を止める。

❹ ❶に❸をかけていただく。

◆ご飯にかければ中華丼になります。キャベツ、もやし、ニラなど冷蔵庫にある野菜を使いましょう。

味噌汁

季節の具材で心も温かく

◆◇◇

大根と油揚げの味噌汁

〈材料〉

- 大根　4 cm（160g）→ 5 mm 幅の細切り
- 油揚げ　1/4 枚→ 5 mm 幅の細切り
- 長ねぎ　5 cm →小口切り
- だし（→ 13 ページ）　400mℓ
- 味噌　大さじ 1½

〈作り方〉

❶ 鍋にだしと大根を入れて火にかけ、大根が軟らかくなったら、油揚げを加え、味噌を溶き入れる。

❷ 最後に長ねぎを入れて火を止める。

〈味噌選びのポイント〉

味噌は、大豆に麹と塩を加え、発酵、熟成させたもの。麹の原料によって米味噌、麦味噌、豆味噌に、塩や麹の歩合によって辛味噌と甘味噌に、そして熟成期間によって色が変わるので赤味噌、淡色味噌、白味噌に、分類できます。また、仙台味噌（宮城県）、信州味噌（長野県）、加賀味噌（石川県）、西京味噌（京都府）など、それぞれの地方に昔ながらの味噌があります。少量ずつ数種類をそろえて、料理によってブレンドして使うのも楽しいですね。

なお、赤だしはもともと、関西で豆味噌を使った味噌汁の呼び名でした。現在は、豆味噌と米味噌の合わせ味噌を赤だし味噌と呼んでいます。

◆◇◇

しじみの味噌汁

〈材料〉

- しじみ　150g
- 三つ葉　5～6 本→ 1 cm 長さに切る
- 水　400mℓ
- 赤だし味噌　大さじ 1½

〈作り方〉

❶ しじみは砂出し（塩水でも淡水でもよい→ 45 ページ）をしてから、殻をこすり合わせながらよく洗う。

❷ 鍋に水と❶を入れて強火にかけ、アクが出たらすくい取る。殻が開いてきたら、しじみだけをすくい出し、お椀に等分に入れ、三つ葉を加える。

❸ 残りの汁に味噌を溶き入れ、沸騰する直前で火を止め、お椀に注ぐ。

〈汁物を食卓に〉

「一汁二菜」「一汁三菜」と言われるように、日本人の食卓には汁物が欠かせません。汁物は食事をよりおいしくいただくために大切であると同時に、食事のバランスを整えるのにも役立ちます。一番だしの香りの高いすまし汁、季節の具材を楽しんだり、具だくさんでおかずにもなる味噌汁をはじめ、洋風、中華風のスープ類も食卓を豊かにします。

◆◇◇

豆腐のすまし汁

和の食に欠かせない、だしの香りが生きた吸い物

〈材料〉

- 絹豆腐　1/4丁(約80g)→1cmのさいの目切り
- 絹さや　6枚→さっとゆでて斜めに切る
- だし(→13ページ)　400㎖
- 塩　小さじ1/4
- 醤油　少々

〈作り方〉

1. 一番だしをとって火にかけ、塩と醤油で味を調える。
2. 豆腐を入れ、再び煮立ってきたら、絹さやを加えて火を止める。

〈すまし汁の椀だね〉

すまし汁は、透明な汁に椀だねが映えます。豆腐だけでなく、卵、白身魚、エビ、鶏肉、鶏肉団子、練り物(しんじょ)などいかがでしょうか？　そこにあしらいとして、青菜やうどなどの野菜、きのこを加えると、彩りも美しくなります。香りを出し、味を引き立てるための吸い口として、三つ葉、柚子の皮などを添えれば、家庭でワンランクアップのお吸い物が味わえます。

◆◆◇

豚汁

たっぷりの具材でおかずにもなります

〈材料〉

- 豚薄切り肉　80g →食べやすい大きさに切る
- ごぼう　1/4 本（30g）→斜め薄切り
- 大根　3 cm（100g）→ 5 mm 厚さのいちょう切り
- 人参　1/4 本（50g）→ 5 mm 厚さのいちょう切り
- こんにゃく　50g →下ゆでして 2 cm 角の薄切り
- 里いも（小）2 個（100g）→皮をむいて 5 mm 厚さの輪切りにし、水にさらす
- 生椎茸　2 枚→石づきを取り、半分に切って、5 mm 厚さの薄切り
- 長ねぎ　1/3 本→ 1 cm 厚さの小口切り
- 油　小さじ 1
- 味噌　大さじ 2
- 水　600㎖

〈作り方〉

❶ 鍋に油を熱し、中火で豚肉を炒め、色が変わったらごぼうを炒める。

❷ 大根、人参、こんにゃくを加えて軽く炒めたら、水を入れる。

❸ 沸騰したらアクを取り、里いも、生椎茸を加える。

❹ 野菜がすべて軟らかくなったら、長ねぎと味噌を加えて仕上げる。

◆無農薬・低農薬の野菜は、よく洗って皮ごと使いましょう。料理によっては、食べやすくしたり、見た目を美しくするために皮をむきますが、そのときも皮はきんぴらなどに使います。

◆◆◇

ミネストローネ

冷蔵庫にある野菜を使いましょう

〈材料〉

- スライスベーコン　1枚→1cm角に切る
- 玉ねぎ(大)　1/2個(100g)→1cm角に切る
- 人参　1/4本(50g)→皮をむいて1cmのさいの目切り
- セロリ　30g→皮をむいて1cmのさいの目切り
- ホールトマト缶　120g
- 鶏がらスープ　400mℓ
- 白ワイン　大さじ1/2
- ローリエ　1枚
- トマトケチャップ　小さじ2
- 塩　小さじ1/4
- こしょう　少々
- 油　大さじ1/2

〈作り方〉

1. 鍋に油を熱し、中火でベーコンを炒め、玉ねぎ、人参、セロリを加えて炒める。
2. ホールトマト缶を汁ごと加え、鶏がらスープ、白ワイン、ローリエを入れて中火で煮る。
3. 煮立ってアクが出たら取り、人参が軟らかくなったら、トマトケチャップ、塩、こしょうで味を調える。

◆◆◇

豆のスープ

色とりどりの豆と野菜を使って楽しく

〈材料〉

- ミックスビーンズ　60g
- 野菜いろいろ　200g→すべて豆と同じくらいの大きさに切る
  かぶ（葉つき）　小1個（50g）
  人参　1/4本（50g）
  長ねぎ　1/2本
  じゃがいも（小）1/2個（50g）
- 鶏がらスープ　400ml
- 塩　小さじ1/4
- こしょう　少々
- バター　大さじ1/2

〈作り方〉

1. かぶの若い葉はみじん切りに、残りの葉は野菜同様に切る。
2. 鍋にバターを溶かし、きざんだ野菜を入れて、軽く炒める。
3. 鶏がらスープを加え、野菜が軟らかくなったら豆も入れて、塩・こしょうで味を調える。
4. 器に盛り、かぶの若葉を散らす。

◆ミネストローネも豆のスープも、おうちにあるじゃがいも、大根、かぶ、人参、ブロッコリー、カリフラワーなどを使って作れます。季節の野菜を上手にスープに使うと、残さず使い切ることができます。日ごろ気になる野菜不足を補うためにも、ぜひ、スープを作り、たっぷりいただきましょう。

◆野菜は同じくらいの大きさにすると、食べやすく、見た目もきれいです。ただし、火の通りにくさに応じて、大きさに多少変化をつけたり、鍋に入れるタイミングをずらしてください。

◆◆◇

ほうれん草のポタージュ

栄養たっぷりでコクのある美しいスープ

〈材料〉

- ほうれん草　1/2 束（100g）→塩ゆでにし、1cm に切る
- 玉ねぎ　1/4 個（50g）→薄切りにする
- じゃがいも 1/2 個（75g）→薄切りにする
- 鶏がらスープ　180mℓ
- ローリエ　１枚
- 牛乳　200mℓ
- 生クリーム　大さじ２
- 塩　小さじ 1/4
- 白こしょう　少々
- バター　10g

〈作り方〉

❶ 鍋にバターを溶かし、玉ねぎを入れてしんなりするまで弱火で炒める。

❷ 鶏がらスープ、じゃがいも、ローリエを入れて、中火でじゃがいもが軟らかくなるまで煮込む。

❸ ローリエを除き、粗熱をとって、ほうれん草を加え、ミキサーにかける。

❹ ❸をこして鍋に入れ、牛乳を加え、中火で温める。塩・白こしょうで調味し、仕上げに生クリームを入れる。

〈ミキサーを上手に使って〉

　ミキサーを購入しても使いこなせないと感じたり、ミキサーを使う料理は手間がかかると思ったりしていませんか。

　ミキサーがあれば、さまざまな野菜を使った滑らかなポタージュスープが簡単にできますし、ジュース作りにも使えます。バナナなどのフルーツと牛乳かヨーグルトに氷を加えてミキサーにかければ、スムージーも作れます。

　使い終わったら、取りはずせる部分は全部はずしてそれぞれをきれいに洗い、よく乾かしてから、再びセットして収納しましょう。洗い方が不十分でかすが残っていたり、ぬれたまま収納すると、カビの原因になるので、気をつけてください。

◆いろいろな野菜でポタージュスープ作りにチャレンジしましょう。たとえば、かぼちゃ、人参、ブロッコリー、かぶ、きのこなどです。玉ねぎとじゃがいもをベースに使えば、甘みととろみが出ます。玉ねぎとじゃがいも以外の野菜は一緒に煮込んだり、別にゆでたりして軟らかくし、ほうれん草と同じ手順でミキサーにかけましょう。季節によっては、冷たくしてもおいしくいただけます。

◆◇◇

中華風コーンスープ

手軽で栄養満点です

〈材料〉

- スイートコーン缶（クリーム状）　150g
- 卵　1個→よく溶いておく
- 鶏がらスープ　400mℓ
- 塩　ひとつまみ
- こしょう　少々
- 細ねぎ　1本→小口切り
- 水溶き片栗粉→片栗粉小さじ1を同量の水で溶いておく

〈作り方〉

❶ 鍋に鶏がらスープを熱し、スイートコーンを入れ、塩・こしょうで味を調える。

❷ とろみ加減を見ながら、水溶き片栗粉でとろみをつけ、溶き卵を回し入れ、火を止める。

❸ 器に盛り、細ねぎを散らす。

◆◆◇

ワンタンスープ

ワンタンを冷凍しておけばスープ以外にも使えます

〈材料〉

- 豚ひき肉　50g
- 長ねぎ　5 cm →みじん切り
- 生姜汁　小さじ 1/2　｝A
- 醤油　少々
- ごま油　少々
- ワンタンの皮　10 枚
- 鶏がらスープ　400mℓ
- 醤油　小さじ 1 ½
- 塩　少々
- ごま油　小さじ 1/2
- 長ねぎ　3cm →みじん切り

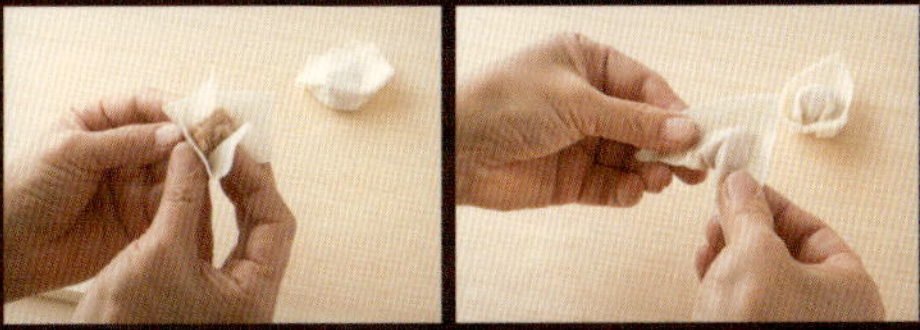

〈作り方〉

❶ 豚ひき肉に A を混ぜて肉あんを作り、ワンタンの皮に包む。

❷ 鶏がらスープを煮立て、醤油、塩で調味し、ごま油を回し入れる。

❸ 別の鍋に湯をわかし、❶を浮き上がるまでゆでて器に入れる。

❹ 長ねぎをのせ、熱々のスープを注ぐ。

大根とかぶの葉の生かし方

大根やかぶの葉はカロチンやビタミンＣが豊富なほか、カルシウムや鉄分も含まれているので、捨てずに使いましょう。

◆保存方法

◎根元に近い茎の部分には、土がついていることがあるので、ていねいに洗う。
◎そのままラップに包んで冷蔵庫で保存する場合は、１～２日で使いきる。

①塩でもんで保存

大根やかぶの根元に近い茎の傷んだ部分を取り除き、細かく刻んで保存袋に入れ、塩を加えて冷蔵庫で保存する。塩は葉の重さの1.5～２％が目安。４～５日で使いきること。

②冷凍保存

硬めにさっと塩ゆでして冷水にとり、水気をしっかりしぼって小分けにしてラップに包み、保存袋に入れて冷凍庫で保存する。２週間程度で使いきること。

◆大根の葉を使った簡単レシピ

〈菜飯〉

①塩ゆでした大根の葉と茎（100g）を細かくきざんで、水気をしっかりしぼる。
②塩小さじ1/2（あるいは細かくきざんだ塩昆布10g）で味をつけ、ご飯１合に混ぜる。

〈大根の葉とじゃこのふりかけ〉

①大根の葉と茎（100g）を細かくきざんで、塩少々をふり、しばらくおいてから水気をしっかりしぼる。
②鍋にごま油小さじ２を熱し、弱火でちりめんじゃこ30gを炒める。
③油がまわったら、①を入れ、酒・醤油各小さじ２とみりん小さじ１を加え、中火で汁気がなくなるまで炒めて、白炒りごま小さじ２をふる。

＊大根の葉の苦味が気になる場合は、一度さっとゆでてから冷水にとり、きざんで使う。

大根の葉とじゃこのふりかけ

◆かぶの葉を使った簡単レシピ

〈油揚げとかぶの葉の煮物〉

①かぶの葉４個分はたっぷりの湯でゆで、冷水にとり、水気をしっかりしぼって3cmに切る。
②油揚げ１枚は3cm長さの短冊切りにする。
③鍋にだし300㎖を入れて中火で温め、調味料（酒大さじ１、みりん大さじ1/2、薄口醤油小さじ１）を加え、味を調える。
④③に②を入れ、ひと煮立ちしたら、①を加えてさっと煮る。

〈かぶの葉とベーコンの炒めもの〉

①かぶの葉２個分は3cmに切る。ベーコン３枚は2cmに切る。
②フライパンを熱し、ベーコンを入れて中火でさっと炒める。かぶの葉を加えて炒め合わせ、酒小さじ１、醤油小さじ1/2を回し入れる。
③少ししんなりしたら、こしょう少々をふって火を止める。
☆最後に卵を加えてもよい。その場合、卵１個を溶いて加え、大きく混ぜて火を止める。

食材の上手な保存方法

①野菜

※トマト、きゅうり、大半の葉物、きのこ類など……ポリ袋に入れて冷蔵庫で。

※大根、人参、きゃべつ、ごぼうなど……新聞紙にくるんで、常温で。暑い時期はポリ袋に入れて冷蔵庫で。

※いも類、かぼちゃ、玉ねぎ、長ねぎなど……新聞紙にくるんで冷暗所で。使いかけはラップをして冷蔵庫へ。

※なす……低温では傷みやすいので、ポリ袋に入れて常温で。

※葉物やいんげん、アスパラガスなどゆでて使う野菜……新鮮なうちにゆでてから密閉容器に入れ、冷蔵庫で保存。または、硬めにゆでてラップに包み、保存袋に入れて冷凍庫で保存。

保存袋に入れて冷凍庫へ

使う大きさに切って保存すると便利です

②肉

※生鮮食品なので、なるべく早く食べきることが原則。使いきれなかった肉は、ラップできっちり包んで空気に触れないようにし、ポリ袋に入れて冷蔵庫で保存する。すぐに使わないときは冷凍庫で保存し、使用する際に冷蔵庫で自然解凍する。なお、半解凍状態で調理するほうが余分な肉汁（ドリップ）が出なくてよい。

③魚介類

※丸のままの場合、はらわたと内臓を取り、水気をふいて、ラップをしっかりし、ポリ袋に入れて冷蔵または冷凍保存する。

※市販の切り身類は冷凍物を解凍している場合も多く、家庭で再冷凍すると味が落ちるので、なるべく早く調理する。

④調味料類

※酢、ソース、酒など……開封後も冷暗所で保存

※塩、砂糖、小麦粉など……開封後は密閉容器で保存

※醤油、マヨネーズ、トマトケチャップなど……開封後は冷蔵庫で保存

※味噌……未開封でも冷蔵庫に保存（常温保存もできるが、色の変化を防ぐためには冷蔵庫で）

片付けと道具の手入れ

◆食器や道具の洗浄

①石けんを使う

天然の油脂とアルカリが原料の石けんは、排出されると洗浄力も毒性もなくなるので、環境に悪影響を与えません。

一方、合成洗剤の多くは石油からつくられていて、水中での分解にとても長い時間がかかるものもあります。また、汚れを落とすために、洗剤力を高めるアルカリ剤やキレート剤、水軟化剤などさまざまな助剤が使われるほか、合成香料や、洗濯物を真っ白く見せる蛍光増白剤などが含まれています。

環境への影響を考え、石けんを使用しましょう。

②汚れや油を拭き取る

環境に配慮して石けんを使っても、道具や食器に残った食べ物のかすや油類を排水管にそのまま流したのでは、水を汚すことになります。洗う前に、紙や布で汚れと油を拭き取り、洗剤や水の使用量を減らしましょう。

◆道具の手入れ

①鉄製フライパン

使用後は、洗剤を使わずにたわしで洗い、火にかけて乾かしてから、薄く油をひいておきましょう。だんだん油がなじんで使いやすく、こげにくくなるからです。洗剤で洗うと、せっかくなじんだ油の膜を洗い流してしまうため、さびやすくなります。

②木製

菜箸、木へら、まな板、すりこぎ、木製の食器などは、洗った後しっかり乾かしてから収納します。

③包丁

切れの悪い包丁を使うと、上手に切れないうえ、かえって危険です。包丁はときどき研《と》いで、切れる状態を保つことが大切です。

◆揚げ物のあとに

①油はオイルポットでこす

揚げ物に使った油は、温かいうちにオイルポットでこし、冷暗所に置きます。

②油は捨てずに使う

オイルポットの油を炒め物などにも使いましょう。次に揚げ物をするときは、オイルポットの油に新しい油を半分ぐらい足します。こうして使い回せば、油を捨てずにすみます。

どうしても捨てなければならないときは、新聞紙などに吸わせて可燃ごみへ。

食材の量と重さ

〈調味料〉

	大さじ（15mℓ）	小さじ（5mℓ）
水	15g	5g
砂糖	8g	3g
塩	15g	5g
醤油	18g	6g
ウスターソース	16g	5g
酢	15g	5g
酒	15g	5g
みりん	18g	6g
味噌	16g	5g
トマトケチャップ	16g	5g
マヨネーズ	12g	4g
バター	13g	4g
油	13g	4g
小麦粉	8g	3g
片栗粉	10g	3g
パン粉	3g	1g

〈肉・魚・鶏卵〉

鶏モモ肉	1枚	200〜250g
鶏ムネ肉	1枚	200g
ベーコン	1枚	15〜18g
切り身魚	1切れ	80〜100g
エビ	中1尾	15g
卵	1個	50〜60g

〈野菜〉（皮つきの重さ）

かぶ	中1個	100g
かぼちゃ	小1個	400g
きゃべつ	中1枚	60g
きゅうり	中1本	100g
ごぼう	中1本	200g
里いも	中1個	70g
じゃがいも	中1個	150g
生姜	1かけ	10g
大根	中1本	1000g
玉ねぎ	中1個	200g
トマト	中1個	200g
人参	中1本	200g
にんにく	1かけ	10g
白菜	中1枚	100g
パプリカ	大1個	150g
ピーマン	中1個	40g
ブロッコリー	1株	200g
レタス	1個	300g
れんこん	小1節	150g

〈その他〉

米	1合（180mℓ）	150g
豆腐	1丁	300g
干し椎茸	1枚	3g
こんにゃく	1枚	250g
炒りごま	大さじ1	6g

おわりに

クッキングスタジオBELLEは、生活クラブ生活協同組合・東京が主宰する家庭料理の教室です。2009年に開講しました。手に入れやすく、安心・安全な食材を使い、ちょっとだけ手間をかけて、家庭でおいしく召し上がっていただけるような料理をお教えしています。使用するのは、基本的に生活クラブ生協で取り扱っている食材です。その多くは、食べることが日本の農業・漁業の再生と活性化につながるようにと考えているため国産品です。輸入食品の場合も、なるべく海の向こうの生産者や環境に負担をかけないように作られたものを使用しています。

また、私は「食と農と地域をつなぐ」をミッションに活動しているNPO法人コミュニティスクール(CS)・まちデザインの理事長を務めています。その活動をとおして、個人的な行為である「食」の社会性に気づき、自分の基準をもって食べ物を選択し、食を大切にできる人が増えることをめざしてきました。

毎日の生活のなかでは、安さにつられず意思をもって買い物をし、料理を楽しいと思い、「おいしい」と感じて食べること、つまり食に関心をもつことが何より重要です。そのお手伝いをしているのがBELLEで、CSまちデザインは企画運営を担っています。

たくさんの受講生が少しずつ料理の腕を上げ、「おいしい！」の笑顔で帰られること、翌月お会いしたときに「家族がおいしいととても喜んだ」という報告を聞けることが、私はもちろん、インストラクターやスタッフの大きな喜びです。この本をとおして、皆さんが食材選びから関心をもち、お料理好きになってくだされば、こんなにうれしいことはありません。

本書には、BELLE開講以来ともに歩んでくれたインストラクターの皆さんやCSまちデザインスタッフの努力がつまっています。レシピづくりや撮影用の調理は、基礎コース担当のインストラクター内田千里さんに全面的にご協力いただきました。また、撮影の準備と調理はインストラクターの石川美香さん、CSまちデザインチーフスタッフの大塚久美子さんにたいへんお世話になりました。上田美紀さん、酒井敦子さんにも助けていただきました。この場をお借りしてお礼申し上げます。

さらに、美しい写真を撮ってくださった永野佳世さん、デザインを担当してくださった日高眞澄さん、そして何より本書を誕生させてくださったコモンズの大江正章さんに、心から感謝申し上げます。

2013年9月

近藤恵津子

食材選びからわかるおうちごはん

2013 年 10 月 10 日・初版発行

著者・近藤恵津子

写真・永野佳世

制作協力・内田千里

発行者・大江正章

発行所・コモンズ

東京都新宿区下落合 1-5-10-1002

TEL03-5386-6972 FAX03-5386-6945

振替 00110-5-400120

info@commonsonline.co.jp

http://www.commonsonline.co.jp/

印刷／東京創文社　製本／和光堂製本（株）

ISBN 978-4-86187-107-8 C0077